Küchengeschichten

hm.

Küchengeschichten

Die wunderbaren Rezepte meiner Freunde

von Kristina Möller

Gerstenberg Verlag

Die Freunde

DIE REZEPTE

VORSPEISEN

SUPPEN & SALATE

FLEISCH

FISCH

NUDELN

VEGETARISCHES

SÜSSES

GETRÄNKE

koch mit!
Milch

Koch mit!

Kochen ist etwas Wunderbares. Und gemeinsam mit Freunden kochen ist für mich das Größte! Was gibt es Schöneres, als mit Freunden um einen großen Küchentisch zu sitzen und so richtig zu schlemmen? Da wird gelacht und erzählt, Anekdoten werden zum Besten gegeben und Erinnerungen an gemeinsame Erlebnisse ausgetauscht. Bissen für Bissen kommt man so dem Glück ein Stückchen näher.

In diesem Buch verraten meine Freunde, meine Eltern und meine Schwestern ihre Lieblingsrezepte. Und weil jedes Gericht eine eigene Geschichte hat und eng mit der Persönlichkeit seines Kochs verbunden ist, stelle ich meine kochenden Freunde auch allesamt vor. Dazu habe ich sie einfach aus Pappmaché nachgebaut und bunt angemalt. Wer sie sind, was sie ausmacht und was man mit ihnen so erlebt, erzählen Texte und Bilder.

So unterschiedlich wie meine Freunde, so verschieden sind auch ihre Rezepte. Da gibt es Speisen, die von Reisen in ferne Länder erzählen, Gerichte, die Erinnerungen an wohlige Kindheitstage wecken, einfache und raffinierte, deftige und süße Mahlzeiten – für jeden Geschmack ist etwas dabei.

Dieses Buch ist eine Hommage an meine Freunde, die zu meinem Leben gehören wie das Salz in die Suppe. Herzlich willkommen in der Küche meiner Freunde und guten Appetit!

Lara

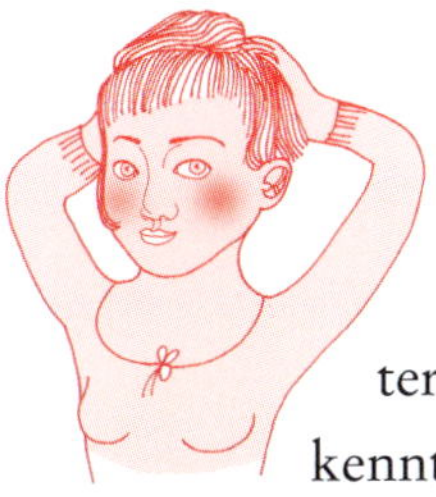

Mit Lara kann man bis spät in die Nacht im Atelier arbeiten, die Anlage bis zum Anschlag aufdrehen und hemmungslos Jeff Buckleys »Hallelujah« mitschmettern. Lara ist eine große Musik- und Kunstliebhaberin und kennt sich in beiden Bereichen richtig gut aus. Um Ausstellungen von Matthew Barney zu sehen, reist sie schon mal nach Köln, Berlin oder sogar nach Paris. Aber auch der Kitsch hat einen festen Platz in ihrem Leben. Lara hat eine Vorliebe für alles, was schimmert und glitzert, zum Beispiel Strassohrringe und perlenbestickte Taschen, und sie ist sogar stolze Besitzerin eines mit Strass besetzten Gürtels.

Unsere erste richtige Begegnung ist uns beiden noch gut in Erinnerung. Wir hatten uns für ein Siebdruckseminar in Holland angemeldet und waren die einzigen aus der Gruppe, die auf die glorreiche Idee gekommen waren, mit dem Wochenendticket nach Tilburg zu fahren. Das bedeutete fünf Mal umsteigen, von Bummelzug zu Bummelzug, und verlängerte die Fahrzeit von ungefähr fünf Stunden auf zwölf.

Glücklicherweise entwickelte sich die lange Zugfahrt zu einer sehr kurzweiligen Unternehmung. Es dauerte nicht lange, da stellten wir fest, dass wir beide mal unglücklich in denselben Mann verliebt gewesen waren – das Eis zwischen uns war gebrochen. Von da an entdeckten wir fast minütlich neue Gemeinsamkeiten. Schnell gestanden wir uns gegenseitig, dass wir nicht nur im Wartezimmer beim Arzt gerne die »Gala« lesen. Und während wir genüsslich Laras selbstgebackenen Banana Rum Cake verzehrten, tauschten wir uns über den neuesten Klatsch und Tratsch in der Promiszene aus. Da war es fast schade, dass wir schließlich irgendwann spät nachts in Tilburg ankamen.

Seit Lara vor ein paar Jahren eine Zeit lang in Trinidad studiert hat, sind Getier und Gewächse dieser Region nicht mehr aus ihren filigranen Tuschezeichnungen wegzudenken. Gäbe es da nicht das feuchtheiße Klima und die gewöhnungsbedürftigen Insekten, wäre Lara bestimmt längst in die Tropen ausgewandert. So holt sie sich ab und zu die Tropen nach Hause, indem sie schmackhafte karibische Gerichte zubereitet. Eines davon heißt Doubles und ist ein typisches Alltagsgericht. Diese leckeren, mit Kichererbsenpüree gefüllten Fladen werden in Trinidad als Imbiss in den Garküchen an jeder Straßenecke angeboten, wie bei uns ein Döner oder eine Currywurst.

Als Lara und ich in Hamburg noch in einem Atelier arbeiteten, haben wir oft zusammen gekocht und getrunken. Lara ist eine vorzügliche Cocktailmixerin und eine gute Köchin – vorausgesetzt man lässt ihr genügend Zeit für die Vorbereitung. Beim Kochen geht sie sehr sorgfältig und gewissenhaft vor. Zunächst werden die Zutaten akribisch daraufhin untersucht, ob sie auch frisch genug sind. Dann wird das Gemüse liebevoll in feine appetitliche Stückchen geschnitten, der Reis vor dem Kochen durch ein Sieb gespült und die Pfanne picobello geputzt.

Ich erinnere mich noch gut an das Abschiedsessen in Hamburg, das Lara mir zu Ehren im Atelier gegeben hat, bevor ich nach Berlin zog. Es sollte gefüllte Papayas geben, ebenfalls ein Rezept aus Trinidad. Aber zunächst bekamen wir Gäste als Begrüßungstrunk einen Trinidad Carnival Te Le Le, einen Cocktail, der uns die Wartezeit versüßen sollte. Die Stimmung war großartig, alle redeten durcheinander, und das Essen ließ bei Laras bedächtiger Zubereitungsart auf sich warten. Schnell war das zweite Cocktailglas geleert, und wir wurden immer ausgelassener. Längst vergessene Anekdoten wurden aus der Schublade gezogen und trieben dem einen oder anderen die Schamesröte ins Gesicht. Als dann endlich das Essen auf dem Tisch stand, waren wir schon fast zu betrunken, um Gericht nebst Köchin gebührend zu würdigen. Es war ein unvergesslicher Abschiedsabend, wenn auch mein schmerzender Kopf am nächsten Morgen mich gelehrt hat, dass man einen Cocktail nicht mit einem Aperitif verwechseln sollte.

KICHER

BANANA RUM CAKE

Zutaten für 1 Kastenform (25 cm Länge)

Für den Teig

2 überreife große Bananen
4 EL Schmand
3 EL Rum
60 g Butter
90 g Zucker
3 Eier
250 g Mehl
1/2 Päckchen Backpulver

Für den Rumsirup

125 ml Wasser
4 TL Limettensaft
125 g Zucker
3 EL Rum

- **Für den Teig** die Bananen zerdrücken und mit Schmand und Rum verrühren. Butter, Zucker und Eier schaumig schlagen, Bananenmus unterrühren und nach und nach das mit dem Backpulver vermischte Mehl dazugeben.
- Teig in die gefettete Kastenform geben und im vorgeheizten Backofen bei 200 °C 40–45 Min. backen. Auf ein Kuchengitter stürzen und auskühlen lassen.
- **Für den Rumsirup** das Wasser, Limettensaft und Zucker in einem Topf zum Kochen bringen. Die Hitze reduzieren und weitere 10 Min. bei stetigem Rühren köcheln lassen, bis der Zucker sich aufgelöst hat.
- Topf vom Herd nehmen und Rum unterrühren. Kuchen mehrmals mit einem kleinen Spieß einstechen und mit Rumsirup tränken.

DOUBLES AUS TRINIDAD MIT GURKENRELISH

Zutaten für 4 Personen

- **Für die Fladen**

125 g Kichererbsenmehl
125 g Mehl
3 TL Backpulver
60 g Butter
1 Msp. Kreuzkümmel
1/2 TL Kurkuma
1/2 TL Salz
1 Knoblauchzehe
1 frische rote Chilischote
60 ml warmes Wasser
neutrales Öl

- **Für die Füllung**

3 EL Garam Masala
125 ml Wasser
5 Knoblauchzehen
3 EL Maisöl
500 g Kichererbsen aus der Dose
1 TL Kreuzkümmel
1 frische rote Chilischote
Salz, schwarzer Pfeffer

- **Für das Gurkenrelish**

225 g Reisessig
60 g Zucker
4 kleine Gewürz- oder Senfgurken
2 Karotten
6 Schalotten
2 getrocknete Chilischoten
30 g Erdnüsse

• **Für das Gurkenrelish** den Essig mit dem Zucker erhitzen, bis sich der Zucker auflöst. Die Flüssigkeit so lange weiterköcheln lassen, bis sie eine sirupartige Konsistenz angenommen hat.

• Gurken der Länge nach halbieren, die Kerne herausschaben und das Fruchtfleisch in kleine Würfel schneiden. Die Karotten schälen und raspeln.

• Die geschälten Schalotten und die Chilischoten fein hacken. Gurken, Karotten, Schalotten und Chili zu dem erkalteten Sirup geben und alles gut vermischen. Etwa 3 Std. durchziehen lassen.

• Erdnüsse mahlen und in der Pfanne ohne Fett anrösten, bis sie duften. Dann unter das Gurkenrelish mischen.

• **Für die Fladen** das Kichererbsenmehl, Mehl und Backpulver gut vermengen und mit der zerlassenen Butter verrühren. Nach und nach Kreuzkümmel, Kurkuma, Salz, die abgezogene und zerdrückte Knoblauchzehe sowie die entkernte und fein gehackte Chilischote zugeben und alles vermischen.

• Unter ständigem Rühren langsam das Wasser zugießen, bis ein geschmeidiger Teig entsteht. Zugedeckt 1 Std. ruhen lassen.

• Teig mit bemehlten Händen in 12 Portionen teilen und diese zu Fladen von 3 cm Dicke und 10 cm Länge flachdrücken. Nacheinander bei mittlerer Hitze in Öl etwa 1 Min. von jeder Seite leicht bräunen und dann auf Küchenpapier abtropfen lassen.

• **Für die Füllung** das Garam Masala mit Wasser mischen. Den abgezogenen Knoblauch fein hacken und in Maisöl glasig dünsten. Die Garam-Masala-Mischung zugeben und kurz aufkochen. Kichererbsen abtropfen lassen und mit Kreuzkümmel und der entkernten, fein gehackten Chilischote in den Topf geben.

• Zugedeckt kochen und gelegentlich umrühren, bis die Erbsen sehr weich sind und eine dickflüssige Konsistenz haben. Mit Salz und Pfeffer würzen und bei Bedarf noch etwas Wasser hinzugeben.

• Die Füllung nun gleichmäßig auf je eine Ecke der Fladen verteilen, mit der jeweils gegenüberliegenden freien Ecke bedecken und die Ränder zudrücken. Doubles mit dem Gurkenrelish servieren.

GEFÜLLTE PAPAYAS

Zutaten für 6 Personen

1 große Zwiebel
2 Knoblauchzehen
2 frische rote Chilischoten
2 TL frischer Thymian
2 TL frischer Schnittlauch
2 Stengel glatte Petersilie
1 EL neutrales Öl
4 große Tomaten
1 Msp. Kurkuma
1 Msp. Kreuzkümmel
1 TL Piment
1/2 TL Kardamom
Salz, schwarzer Pfeffer
125 ml Gemüsebrühe
400 g Edelfisch
3 unreife Papayas
130 g Cheddar
Parmesan, nach Geschmack

- Die geschälte Zwiebel, den abgezogenen Knoblauch, die entkernten Chilischoten, Thymian, Schnittlauch und Petersilie fein hacken und in einem großen Topf mit Öl anbraten.
- Die gewürfelten Tomaten und sämtliche Gewürze zufügen.
- Brühe zugießen und bei mittlerer Hitze etwa 25 Min. köcheln lassen. Den in mundgerechte Stücke geschnittenen Fisch dazugeben, noch einmal 5 Min. köcheln lassen, bis die Flüssigkeit verdampft ist. Mit Salz und Pfeffer abschmecken, Topf vom Herd nehmen und abkühlen lassen.
- Die ungeschälten Papayas halbieren und mit einem Teelöffel die Kerne entfernen. Fischfüllung in die Papayahälften geben und diese in einen flachen Bräter legen.
- Kochendes Wasser etwa 2,5 cm hoch in den Bräter gießen und im vorgeheizten Backofen bei 180 °C etwa 1 Std. garen.
- Den geriebenen Cheddar über die Füllung geben und weitere 15 Min. im Backofen garen. Mit Parmesan bestreuen und gleich servieren.

Laras Empfehlung

Die gefüllten Papayas sind auch ein leckeres Hauptgericht für 3 Personen.

Laras Getränketipp

Trinidad Carnival Te Le Le: Für einen Cocktail 2 cl Trinidad Rum, 1 cl Tequila, 1 cl Wodka, 1 Spritzer Orangenlikör, 6 cl Orangensaft, 6 cl Mangosaft und 1 Spritzer Zuckersirup mit zerstoßenem Eis in einen Cocktailshaker geben und gut schütteln. In ein Longdrinkglas füllen, 1 Spritzer Grenadine zufügen und kurz stehen lassen. Schließlich noch 1 Spritzer Angostura zugeben, mit 1 Cocktailkirsche und weiteren Dekorationen verzieren und servieren.

Katharina

Katharina war die erste Person, die ich während meines Studiums kennenlernte. Wir saßen nebeneinander an der Staffelei im Erstsemesterzeichenkurs. In einer der ersten Unterrichtsstunden sollten wir alle reihum für kurze Porträtstudien Modell stehen. Ich war aufgeregt und unsicher, ob ich mit dem (in meiner Vorstellung wahnsinnig professionellen) Niveau des Kurses mithalten könnte. Nach den ersten Skizzen schaute ich neugierig auf Katharinas Versuche und war stark beeindruckt von der sicheren und sehr lässigen Strichführung. Und als unser Professor ihr als Einziger aus dem Kurs ein fotografisches Gedächtnis attestierte, wuchs meine Bewunderung ins Unermessliche.

Am Ende der Stunde wurden sämtliche Porträtzeichnungen an die Wand gehängt. Zum einen stellte ich mit Erleichterung fest, dass ich mich in punkto Niveau im sicheren Mittelfeld des Kurses bewegte. Außerdem empfand ich mich von Katharina ganz klar am besten getroffen (was auch an der sehr schmeichelhaften Darstellung meiner Augen gelegen haben mag). Als Katharina nach Ende des Kurses auf mich zukam und sagte, sie finde mein Porträt von ihr unglaublich ausdrucksstark und gut getroffen, wusste ich: Dies ist der Beginn einer langen Freundschaft.

Obwohl man unterschiedlicher kaum sein kann. Ich kenne niemanden sonst, der aus freien Stücken vor Sonnenaufgang aufsteht, um einen lohnenswerten Flohmarkt zu besuchen, und dort so lange bleibt, bis auch die unscheinbarste Kiste durchwühlt ist, immer auf der Suche nach kleinen Schätzen.

Jeden Sommer verbringt Katharina einige Wochen in einem kleinen, spartanisch eingerichteten Holzhaus mitten in einem schwedischen Birkenwald. Groß, blond und schweigsam wie sie ist, könnte sie glatt als Schwedin durchgehen. Auch in der schwedischen Küche kennt sie sich aus, und so war auch das Erste, was ich bei ihr einmal aß, eine schwedische Quarkcreme, ein köstlicher Nachtisch mit Preiselbeeren.

Als waschechtes »Elbkind« unternimmt Katharina gern ausgedehnte Spaziergänge an der Elbe (auch bei Wind und Wetter!). Die wechselnden Lichtverhältnisse am Fluss haben es ihr besonders angetan. Den Elch im Wald sucht man hier zwar vergebens, dafür kann man hunderten von Deichschafen beim Grasen zuschauen.
Bei einem dieser windigen Spaziergänge am Fluss hat sie eines Tages zufällig einen Großmarkt entdeckt, in dem vor allem Restaurantbetreiber und Köche einkaufen. Der Markt zeichnet sich dadurch aus, dass man dort zu Discountpreisen jedes nur erdenkliche Lebensmittel erstehen kann. Von einer reichhaltigen Auswahl an frischem Fisch über Delikatessen wie Trüffel oder Foie gras bis hin zu den exotischsten Gemüse- und Obstsorten findet man hier wirklich alles. In der Gemüseabteilung dieses Großmarktes hat ein italienischer Koch ihr einmal relativ unvermittelt sein persönliches Rezept für Zucchiniomelett verraten. Katharina war gerade dabei, ein paar Zucchini in eine Tüte zu füllen, als plötzlich dieser Mann neben ihr stand und fragte, ob sie schon wisse, wie sie die Zucchini zubereiten wolle. Als sie ihn daraufhin erstaunt ansah, rückte er vertraulich näher und begann, ihr ausführlich sein persönliches Omelettrezept zu erklären. Der kleine dunkelhaarige Italiener hatte damit wohl einen aufregenden Flirt starten wollen, doch da lag er bei der hochgewachsenen blonden Nordländerin falsch. Das Rezept allerdings hat Katharina überzeugt, weil es schlicht, lecker und vor allem schnell zuzubereiten ist – und ein perfektes Sommergericht noch dazu!

SCHWEDISCHE QUARKCREME

Zutaten für 4 Portionen

3 Eier
6 EL Zucker
1 unbehandelte Orange
3 EL Rum
3 EL Orangenlikör
500 g Magerquark
6 Löffelbiskuits
6 EL Preiselbeermarmelade

- Eier trennen und die Eidotter mit dem Zucker schaumig rühren. Abgeriebene Schale einer halben Orange, Rum, Orangenlikör und Quark unterrühren.
- Eiweiß steif schlagen und unter die Creme heben.
- Creme mind. 2 Std. kalt stellen. Vor dem Servieren mit den zerbröselten Löffelbiskuits und der Preiselbeermarmelade dekorieren.

ZUCCHINIOMELETT

Zutaten für 4 Personen

4 mittelgroße Zucchini
4 Tomaten
Sesamöl (geröstet)
5 große Eier
Milch
Salz, schwarzer Pfeffer
geriebene Muskatnuss
Parmesan, nach Geschmack

• Zucchini und Tomaten in Würfel schneiden. Zucchini in einer Pfanne mit Sesamöl kurz angebraten, bis sie eine goldene Färbung haben. Dann die Tomaten zu den Zucchini geben.
• Eier mit einem guten Schuss Milch verquirlen und mit Salz, Pfeffer und frisch geriebener Muskatnuss würzen.
• Eiermasse über das Gemüse gießen und in der heißen Pfanne stocken lassen. Omelett nach Belieben durchbraten. Wenn der untere Teil gar ist, das Omelett vorsichtig auf die andere Seite drehen und fertig braten.
• Das fertige Omelett großzügig mit frisch geriebenem Parmesan bestreuen und sofort servieren.

Katharinas Lieblingsvariation

Paprikaomelett: Je 1 rote, 1 gelbe und 1 grüne Paprikaschote sowie 2 Zwiebeln in Streifen schneiden und in Olivenöl anbraten, bis die Zwiebeln glasig sind. 4 Tomaten in Scheiben schneiden und dazugeben. Die Eiermasse so zubereiten wie oben beschrieben, evtl. ein wenig edelsüßes Paprikapulver hinzufügen, über das Gemüse geben und in der Pfanne stocken lassen.

Michael

Michael hat drei große Lieben in seinem Leben: Zum einen wäre da das Essen. Bestimmt haben die Kochkünste seiner mexikanischen Mutter nicht unwesentlich dazu beigetragen, dass Michael gern und viel kocht und isst, am liebsten herzhaft und gehaltvoll, aber auch bestimmten Süßspeisen wie dem mexikanischen Flan kann er nicht widerstehen. Und Michael kann immer essen. Schon während des Kochens kann er es kaum erwarten. Immer wieder beugt er sich über den Topf, um eine Sauce umzurühren oder zu prüfen, ob der Braten nicht endlich gar ist. Dass das Gericht zwischendurch oft abgeschmeckt werden muss, versteht sich von selbst. Von Zeit zu Zeit meint Michael, das regelmäßige Schlemmen tue seinen Körpermaßen nicht gut (auch wenn das sonst niemand behauptet), und verordnet sich tagsüber eine Nulldiät. Abends wird das Hungern dann mit einer ordentlichen Portion Tagliatelle alla bolognese mit viel Parmesan belohnt.

Eine weitere große Liebe in Michaels Leben ist die Literatur. Mit dem Aufbau einer eigenen Literaturagentur hat er sein Hobby zum Beruf gemacht und vertritt seine Autoren mit großem Enthusiasmus. Bilingual aufgewachsen und mit Sprachtalent gesegnet, spricht er fließend fünf Sprachen, was ihm auf der Suche nach neuen Schriftstellertalenten im Ausland sicherlich sehr zugutekommt.

Seine dritte und größte Liebe ist seine Frau Anette. Mit ihr teilt er seine Begeisterung für gutes Essen und lange Reisen. Einmal im Jahr besuchen die beiden Michaels große Verwandtschaft in Puebla und wohnen dann bei Tia Conchita, Michaels inzwischen neunzigjähriger Großtante. Von Tia Conchita heißt es, dass sie in ihrer Jugend eine richtige Dorfschönheit gewesen sei. Das muss auch einem damals berühmten Torero aufgefallen sein, in den sich Tia Conchita unsterblich verliebte. Etwa ein Jahr später kehrte sie der Welt den Rücken und trat ins Kloster ein. Dort würde sie wahrscheinlich noch heute als Nonne leben, wäre nicht ihre Schwester,

Michaels Großmutter, plötzlich verstorben. Tia Conchita trat sofort aus dem Kloster aus und übernahm die Mutterrolle für die sechs hinterbliebenen Kinder.

Bis heute weiß keiner in der Familie so genau, was damals wirklich zwischen dem Torero und der schönen jungen Frau passiert ist. Doch heute noch bekommt Tia Conchita glänzende Augen, wenn sie im Fernsehen einem Torero in seinen eng anliegenden Hosen beim Stierkampf zusieht.

Bei einem dieser Besuche bei Tia Conchita wollten Michael und Anette feierlich ihre Verlobung kundtun und ihre Kochkünste bei einem Familienessen unter Beweis stellen. Ein typisch mexikanisches Gericht, das auf Grund seiner langen Vorbereitungszeit nur zu besonderen Anlässen gekocht wird, ist der schwarze Mole. So nennt man die dunkle, dickflüssige Sauce, die zu Truthahn oder Poularde und Reis gereicht wird. Es gibt auch roten Mole, aber der Mole aus der Region von Michaels Verwandtschaft ist dunkelbraun. Er besteht aus unglaublich vielen Zutaten und erhält seinen süß-scharfen Geschmack vor allem durch die mexikanische Schokolade und drei verschiedene Chilisorten. Dieses aufwendige Gericht erschien den beiden begabten Hobbyköchen für den Anlass genau richtig. Schon nach kurzer Zeit zog der aromatische Duft von Tomaten und heißer Schokolade durch das ganze Haus. Und plötzlich stand Tia Conchita in der Küchentür. Sie zwinkerte Anette zu und flüsterte einem überraschten Michael ins Ohr, dass ein kleines bisschen Torero jeder Ehe gut tue. Woher Tia Conchita wusste, dass die beiden mit diesem Gericht ihre Hochzeitspläne preisgeben wollten, wird wohl auf ewig ein Geheimnis bleiben.

MEXIKANISCHER FLAN

Zutaten für 1 Kuchenform (26 cm ø)

400 g Zucker
1 l Milch
6 Eier
1 Päckchen Vanillezucker
1 Fläschchen Bittermandelöl

- 200 g Zucker in eine runde Kuchenform geben. Die Form auf eine warme Herdplatte stellen und den Zucker darin schmelzen und karamellisieren. Wenn der geschmolzene Zucker hellbraun ist, verteilt man ihn durch Schwenken in der ganzen Form.
- Milch, Eier und den restlichen Zucker in eine Schüssel geben und verrühren, bis die Masse Blasen schlägt. Den Vanillezucker und das Bittermandelöl unterrühren.
- Den Teig in die karamellisierte Form geben, mit Alufolie abdecken und im vorgeheizten Backofen bei 180 °C etwa 1 Std. backen. Die letzten 20 Min. die Alufolie abnehmen.
- Flan abkühlen lassen und mind. 2 Std. in den Kühlschrank stellen, damit sich der Karamell besser löst. Dann auf eine dekorative Platte stürzen und servieren.

TAGLIATELLE ALLA BOLOGNESE

Zutaten für 4 Personen

2–3 große Zwiebeln
2 EL Olivenöl
200 g magerer Speck
400 g Rinderhack
3 große Karotten
200–250 g Staudensellerie
1 Bund Basilikum (1 Topf)
1 TL getrockneter Thymian
1 TL getrockneter Oregano
3 Knoblauchzehen
700 g kleine Tomaten
Salz, schwarzer Pfeffer
2 EL Tomatenmark
500 g Tagliatelle
Parmesan, nach Geschmack

- Die geschälten Zwiebeln fein hacken und in einer Pfanne mit Olivenöl anbraten. Wenn die Zwiebeln glasig sind, den gewürfelten Speck und kurz danach das Hackfleisch dazugeben.
- Hackfleisch mit der Gabel etwas zerdrücken, in der heißen Pfanne anbraten, dann die Hitze reduzieren (das ist wichtig, da die Sauce lange einköcheln muss und das Hack sonst trocken wird) und zugedeckt weiterköcheln lassen.
- Karotten raspeln, Staudensellerie ganz klein schneiden und Basilikum grob hacken. Nach 5–10 Min. Karotten, Sellerie, Kräuter und die abgezogenen ganzen Knoblauchzehen zum Hackfleisch in die Pfanne geben und bei geschlossenem Deckel etwa 5 Min. schmoren lassen.
- Tomaten mit kochendem Wasser überbrühen, häuten und den Strunk entfernen. Die grob zerkleinerten Tomaten zum Hackgemisch geben, mit Salz und Pfeffer würzen und alles bei niedriger Hitze etwa 2 Std. köcheln lassen. Dabei immer darauf achten, dass genügend Flüssigkeit da ist. Zum Schluss das Tomatenmark dazugeben und noch einmal mit Salz und Pfeffer abschmecken.
- Tagliatelle in reichlich Salzwasser al dente kochen. In die gut abgetropften Tagliatelle einen Schuss gutes Olivenöl rühren. Pasta auf die Teller verteilen, Sauce darüber geben, mit frisch geriebenem Parmesan bestreuen und servieren.

Michaels Empfehlung

Die Sauce macht man am besten schon am Vortag, denn wenn sie richtig durchgezogen ist, schmeckt sie noch leckerer!

SCHWARZER MOLE AUS PUEBLA

Zutaten für 16–20 Personen

500 g getrocknete sehr scharfe Chilischoten (Chile cascabel)
250 g getrocknete milde Chilischoten (Chile mulato)
250 g getrocknete würzige Chilischoten (Chile pasilla)
2 große Zwiebeln
1 Knoblauchknolle
2 Scheiben Weißbrot
3 altbackene Tortillas
2 kg reife Tomaten
2 kleine Truthähne (oder 4 große Poularden)
1,5–2 l kräftige Gemüsebrühe
10 EL Schweineschmalz
100 g abgezogene Mandeln
80 g Erdnüsse
1 Zimtstange
70 g Sesamsamen
60 g Kürbiskerne
1 Prise Anissamen
1 TL Kümmel
1 TL getrockneter Thymian
1 TL getrockneter Majoran
2 TL getrockneter Oregano
10 Koriandersamen
10 schwarze Pfefferkörner
8 Gewürznelken
100 g Rosinen
100 g mexikanische Schokolade
500 g Tomatillos aus der Dose (grüne Tomaten)
Zucker
Salz

• Die ungeschälten Zwiebeln und Knoblauchzehen in einer Pfanne ohne Fett unter mehrmaligem Wenden rösten, bis die Schalen verkohlt sind. Dann die verkohlten Schalen entfernen. Weißbrot und Tortillas in grobe Stücke schneiden.

• Tomaten auf ein Stück Alufolie legen und im Backofen grillen. Mehrmals wenden, bis die Haut verkohlt ist. Anschließend die Tomaten für ein paar Min. in einen Frischhaltebeutel geben. Danach lässt sich die Haut mühelos abziehen.

• Truthähne (oder Poularden) zerteilen und in einer kräftigen Brühe garen. Die Brühe aufbewahren.

• Die entkernten Chilischoten (die Samen aufheben) in 2 EL heißem Schmalz anbraten, dann herausnehmen und das Fett aufbewahren. Chilischoten anschließend in einem großen Topf mit heißem Wasser bedecken, einmal aufkochen und dann leicht köchelnd garen, bis sie weich sind.

• Zwiebeln und Knoblauch grob hacken und im selben Fett wie die Chilischoten glasig dünsten. Weißbrot, Tortillas, Mandeln, Erdnüsse, Zimtstange, Chilisamen, Sesam, Kürbiskerne, Anissamen, Kümmel, Thymian, Majoran, Oregano, Koriandersamen, Pfefferkörner, Gewürznelken, Rosinen und die in kleine Stücke zerbrochene Schokolade hinzufügen. Alles zusammen einige Min. unter Rühren braten.

• Die Mischung zusammen mit den Tomaten, den Tomatillos und den Chilischoten pürieren und das Püree durch ein Sieb streichen. In dem restlichen Schmalz erhitzen, Zucker und Salz nach Geschmack sowie 500 ml der Geflügelbrühe einrühren und 20 Min. leicht köcheln lassen. Die Geflügelteile dazugeben und noch einmal 20–25 Min. köcheln lassen, bis sich die Aromen vermischt haben. Falls die Sauce zu dickflüssig ist, noch etwas Geflügelbrühe unterrühren. Mole mit Reis als Beilage sofort servieren.

Michaels Einkaufsempfehlung

Mexikanische Schokolade kann man durch Bitterschokolade mit hohem Kakaogehalt ersetzen und einfach Zimt und Vanille hinzufügen. Ansonsten bekommt man sie mittlerweile (wie auch Tomatillos in Dosen und die verschiedenen Chilisorten) in ausgesuchten Fachgeschäften.

Barbara

Barbara, die Kosmopolitin. Sie ist eigentlich immer in der Weltgeschichte unterwegs. Wie oft in ihrem Leben sie schon umgezogen ist, weiß sie selbst kaum noch zu sagen. Jedenfalls haben die vielen Umzüge dazu beigetragen, dass sich Barbara überall auf der Welt zu Hause fühlt. Mit ihrer positiven, unvoreingenommenen Art fällt es ihr leicht, sich immer wieder auf neue Orte und Menschen einzustellen. Außerdem spricht Barbara fließend Italienisch, Französisch, Englisch und Deutsch, und mit einer dieser Sprachen kann sie sich eigentlich überall irgendwie verständigen.

Aufgewachsen ist sie in Mailand, ihr Vater ist Italiener, ihre Mutter Deutsche. Später ist die Familie dann nach Paris umgezogen, wo Barbara einen Teil ihrer Jugend verbracht hat. Gemeinsam mit ihrer Familie oder auf Streifzügen allein hat sie voller Neugier die Stadt erkundet. Um die Ecke ihrer Wohnung gab es eine kleine Patisserie, und wenn Barbara nach ausgedehnten Fußmärschen, etwa von Nôtre Dame an der Seine entlang bis zur Sacré Cœur, wieder zurückkehrte, konnte sie dem verführerischen Duft nach frischem Gebäck kaum je widerstehen. Was auch daran gelegen haben mag, dass sie in dieser Patisserie ihre erste große Liebe kennengelernt hat: die Pariser Schokoladentorte! Diese Torte ist eigentlich gar keine Torte, sondern eine große, saftige Schokoladenpraline. Da sie ohne Backpulver gebacken wird, behält sie die cremige Konsistenz des Teiges. Heute noch macht Barbara es sich an verregneten Herbststagen in ihrer Wohnung am liebsten mit einem Stück Schokoladentorte gemütlich und träumt von der Pariser Patisserie.

Nach dem Abitur hat sie ein Jahr in Connecticut, USA, gelebt und dann in Darmstadt Illustration studiert. Irgendwie hat es sie nach Hamburg verschlagen, und dort haben wir uns in einem Illustratorenatelier kennengelernt. Nun lebt und arbeitet Barbara schon seit sieben Jahren in Hamburg, eine Ewigkeit für ihre Verhältnisse. Doch ständig in einer Stadt

zu wohnen ist für sie nach wie vor unvorstellbar. Deshalb hat sie zwischendurch auch mal einen Winter lang dem Hamburger Nieselregen den Rücken gekehrt und sich in Paris eine Wohnung gemietet, weil dort dem schlechten Wetter immerhin Stil und eine gewisse Romantik innewohnen. Aber auch sonst lebt sie in Hamburg nur ein paar Monate im Jahr, denn in den Sommermonaten packt sie regelmäßig ihre Koffer und zieht zu ihrem französischen Freund nach Toulouse. Von dort aus unternimmt sie abenteuerliche Wanderungen durch die Pyrenäen. Wenn das Fernweh noch stärker wird, erklimmt sie in Nepal die höchsten Berggipfel oder lässt sich auf Sansibar in die Geheimnisse der Pfefferpflanze einweihen.
Barbara kocht gern und gut. Sie liebt Pasta in allen Variationen, aber berühmt ist sie vor allem für ihre knusprigen Crostini mit Sardellen und Oliven. Für ihre Hamburger Freunde ist ein Essen bei Barbara ohne Crostini zum Aperitif kaum mehr denkbar. Da kann sie sich noch so raffinierte Gerichte ausdenken – die Crostini kommen immer am besten an.
Barbaras Wesen entsprechend findet ein Treffen mit ihr stets an anderen Orten statt. Und da es nun auch eine Billigfluglinie direkt nach Toulouse gibt, werden wir uns das nächste Mal vielleicht dort wiedersehen – es sei denn, Barbara hat schon wieder ihre Koffer gepackt und tingelt irgendwo durch die Weltgeschichte. My home is my castle? Für Barbara trifft wohl eher das Gegenteil zu: Home is where my heart is!

PARISER SCHOKOLADENTORTE

Zutaten für 1 Springform (26 cm ø)

125 g Bitterschokolade
1 kleine Tasse Espresso
100 g Butter
100 g Puderzucker
4 Eier
2 TL ungesüßtes Kakaopulver

- Schokolade im Wasserbad schmelzen. Espresso, Puderzucker und die weiche Butter zugeben und alles gut verrühren. Dann aus dem Wasserbad nehmen.
- Eier trennen, die Eigelbe mit der Gabel verrühren (nicht schlagen) und das Eiweiß steif schlagen.
- Eigelb unter die Schokoladenmischung rühren, dann den Eischnee vorsichtig unterheben.
- 2/3 des Teiges in die Form geben und im vorgeheizten Backofen bei 160 °C 15 Min. backen.
- Torte abkühlen lassen und den Rand der Springform abnehmen.
- Den restlichen Teig über den gebackenen Teil streichen, mit Kakao bestreuen und servieren.

CROSTINI MIT SARDELLEN UND OLIVEN

Zutaten für 4 Portionen

200 g schwarze Oliven
2 Sardellenfilets
1 EL Pinienkerne
1 EL Kapern
1 EL Zitronensaft
1 Ciabatta
5 EL Olivenöl
1–2 Tomaten

- Die schwarzen Oliven entkernen und mit den Sardellenfilets, Pinienkernen, Kapern und dem Zitronensaft in der Küchenmaschine pürieren.
- Ciabatta in Scheiben schneiden. In einer Pfanne die Scheiben in Olivenöl von beiden Seiten knusprig goldbraun braten.
- Paste auf die Brotscheiben streichen, mit klein gewürfelten Tomatenstücken dekorieren und servieren.

Barbaras Tipp zur Aufbewahrung

Die Paste hält sich im Kühlschrank mehrere Tage, man muss sie dazu nur mit Olivenöl bedecken.

Barbaras Lieblingsvariation

Crostini mit Auberginenpaste: 1 große Aubergine im vorgeheizten Backofen bei 220 °C 40 Min. backen, bis die Haut dunkel ist. Aubergine der Länge nach halbieren und das Fleisch mit einem Löffel aus der Schale nehmen. Auberginenfleisch mit 100 g Schafskäse, 1 abgezogenen Knoblauchzehe, 2 EL Olivenöl, 1 EL Zitronensaft und den Blättern eines kleinen Bundes Basilikum in der Küchenmaschine pürieren.

Karin & Horst

Meine Eltern sind beide Lehrer und lieben alles, was mit Frankreich zu tun hat. Die ausgeprägte Lust am Kochen und einen Hang zur Besserwisserei ist ihnen ebenfalls gemein.

Mein Vater ist lustig, sieht ein bisschen aus wie Georges Brassens und liest gern, meistens mehrere Bücher gleichzeitig. Außerdem liebt er gutes Essen und ist selbst ein begnadeter Koch. Allerdings hat er selten Lust, aufwendige Gerichte zuzubereiten, außer in den Ferien. Wenn wir früher alle zusammen in den Urlaub fuhren, ging es selbstverständlich meistens nach Frankreich. Für meinen Vater gab es nichts Schöneres, als über die französischen Märkte zu schlendern und sich von dem appetitlich präsentierten Obst und Gemüse, Fisch und Fleisch zu einem köstlichen Abendessen inspirieren zu lassen.

Einen besonders schönen Urlaub verbrachten wir einmal auf einem Bauernhof in der Bretagne bei Madame Sessnec. Auf dem Hof gab es Hühner, Kaninchen, Schweine und vor allem: Kühe! Jeden Morgen reihten Mareike, Anneke und ich uns stolz vor Madame Sessnec auf und radebrechten unsere Bestellung: »Un litre de lait, si'l vous plaît, Madame!« Ansonsten fanden wir die bretonischen Kirchen eher langweilig, dafür beeindruckten uns aber die vielen Fischmärkte an der Küste: Da lagen lebende Hummer neben Schwertfischen, die so groß waren wie ich. Krebse versuchten aus den Styroporbehältern zu kriechen, und glitschige Aale wanden sich in hohen Holzfässern.

An unserem letzten Abend bei Madame Sessnec sollte es ein Festessen geben: bretonischen Hummer! Während wir Kinder beim Kühemelken im Stall helfen durften, begannen meine Eltern mit der Zubereitung. Nachdem wir auch noch die Kälber hatten füttern dürfen, liefen meine Schwestern und ich aufgeregt in die Küche, um meinen Eltern davon zu erzählen. Neben einem großen Topf mit kochendem Wasser lagen drei schwarzgesprenkelte Hummer, die sacht ihre Fühler bewegten und leise mit den Scheren klapperten. Während mein Vater mir erklärte, dass Hummer ihre typisch orangerote Farbe erst beim Kochen bekommen, schaute ich fasziniert auf die noch lebenden Tiere und hätte schwören können, dass der mittlere und größte der drei Hummer mich mit seinen schwarzen Stielaugen direkt anschaute. Ich starrte zurück und überlegte gerade, ob die beiden anderen wohl seine Geschwister waren, als ich von einem lauten »Platsch!« aus meinen Gedanken gerissen wurde. Der erste Hummer lag zappelnd im kochenden Wasser und sein großer Bruder in der Hand meines Vaters. Entsetzt lief ich aus der Küche. Beim Abendessen rührte ich keinen Bissen an. Stattdessen strafte ich meinen Vater mit durchdringenden bösen Blicken. Diese Episode hat mich zum Glück nicht nachhaltig geprägt, ich bin keine Vegetarierin geworden, und wenn mein Vater heute Hummer zubereitet, läuft mir das Wasser im Munde zusammen.

Meine Mutter ist eine gewissenhafte, feinfühlige Frau mit runden braunen Augen. Sie ist die geborene Schulleiterin. Nach getaner Arbeit versucht sie, sich bei der Gartenarbeit zu entspannen. Das gelingt nicht immer. Häufig bringt sie die Sorgen und Nöte ihrer Schüler und Kollegen mit nach Hause und macht sich Gedanken, wie in Teufels Namen das eine oder andere Problem zu lösen sei. Da ist es gut, dass sie einen Mann wie meinen Vater an ihrer Seite hat. Mein Vater ist eigentlich nie gestresst. Das mag auch daran liegen, dass er für sich ein Mittel entdeckt hat, das nach einem anstrengenden Arbeitstag wahre Wunder wirkt: die Sauna! Seit einigen Jahren steht im Garten meiner Eltern eine finnische Sauna. Für meinen Vater ist es zu einem festen Ritual geworden, sich vor dem Abendessen mit der Tageszeitung in den Garten zurückzuziehen und drei Gänge ordentlich zu schwitzen. Wenn meine Mutter an manchen Tagen besonders müde und erschöpft aus der Schule kommt, drückt mein Vater ihr einen Bademantel in die Hand und nimmt sie mit in die Sauna. Hinterher holt er eine Flasche selbstgemachten Vin d'oranges aus dem

Keller, einen fruchtigen Aperitif, den meine Mutter ganz köstlich findet. Das Rezept dazu stammt von René aus Vergèze, einem alten Freund meines Vaters, den er während eines Studienjahres in Montpellier kennengelernt hat. Mit einer kräftigen Tomaten-Knoblauch-Suppe gelingt es meinem Vater dann meistens, die Lebensgeister meiner Mutter wieder zu wecken, zumal dieses Gericht meine Eltern an ihren ersten gemeinsamen Frankreichurlaub erinnert. Und wenn mein Vater auf Nummer sicher gehen will, spielt er sein kulinarisches Ass aus: Mit den Crevettes amoureuses – ein Rezept, das Horst sich extra für seine Karin hat einfallen lassen – bringt er seine Frau garantiert auf andere Gedanken.

Die Lieblingsgerichte meiner Mutter, die sie selbst oft zubereitet, sind eher süßer Natur und mit vielen schönen Kindheitserinnerungen verbunden. Karin ist Halbösterreicherin, und ihre österreichische Großmutter war eine richtige Verwöhnoma. Da die Familie meiner Mutter in der Nachkriegszeit wenig Geld hatte und schon eine Butterstulle etwas Besonderes war, freute sich Karin umso mehr auf die jährlichen Sommerferien bei ihrer Oma in Wien. Kaum war sie dort angekommen, gingen sie zuallererst in ein Kaffeehaus direkt am Naschmarkt, und die Oma bestellte für Karin und sich selbst eine Tasse Kakao mit ganz viel Schlagobers. Außerdem durfte sich meine Mutter immer ein Stück Torte aussuchen. Satt und glücklich ging sie dann mit ihrer Oma über den Markt, wo sie fürs Abendessen einkauften: Am ersten Tag, so wollte es das Ritual, gab es entweder Buchteln mit Marillenmarmelade oder aber Marillenknödel. Diese und viele andere Rezepte hat die Großmutter in akkurater altdeutscher Schrift in einem Buch festgehalten, das meine Mutter wie ihren Augapfel hütet. Das vergilbte, in rotes Leinen eingeschlagene Buch hat mich als Kind immer fasziniert. Ein Gericht daraus, mit dem meine Mutter uns Kinder immer wieder glücklich machen konnte, ist Topfenpalatschinken. Insbesonders die Topfencreme hatte es uns angetan. Und wer zuerst da war, durfte die Reste aus der Rührschüssel kratzen. Lecker!

REPUBLIQUE FRANÇAISE

BRETONISCHER HUMMER

Zutaten für 4 Personen

1 Knoblauchzehe
1 weiße Zwiebel
2 reife Tomaten
Olivenöl
80 ml Cognac
Salz, weißer Pfeffer
2 Hummer oder Langusten
à etwa 500 g

- Den abgezogenen Knoblauch und die geschälte weiße Zwiebel fein hacken. Tomaten mit kochendem Wasser überbrühen, häuten, entkernen und würfeln.
- In einer Kasserolle (oder einer sehr großen beschichteten Pfanne) Zwiebel und Knoblauch in Olivenöl glasig dünsten. Tomatenwürfel hinzugeben. Nach Belieben Cognac hinzugießen und bei niedriger Hitze 5 Min. köcheln lassen. Die Sauce mit Salz und Pfeffer würzen.
- Hummer kopfüber in kochendes Wasser geben, um sie schnell zu töten. Dann die Hummer aus dem Wasser nehmen und mit einem scharfen Messer vom Kopfpanzer aus der Länge nach in der Mitte halbieren. In der Kasserolle Platz schaffen und die Hummer mit den Schnittflächen nach unten einige Min. anbraten.
- Hummerhälften umdrehen und zugedeckt bei mittlerer Hitze 10 Min. garen. Die Hälften noch einmal wenden und weitere 5 Min. zugedeckt ziehen lassen.
- Hummerhälften auf 4 Teller verteilen, mit der Sauce anrichten und mit Aioli (siehe Seite 144) und frischem Landbrot sofort servieren.

TOMATEN-KNOBLAUCH-SUPPE

Zutaten für 6–7 Personen

3–6 große Knoblauchzehen
3 EL Olivenöl
1 TL edelsüßes Paprikapulver
3 große Dosen Tomaten oder Tomatensaft (etwa 2 l)
60–120 ml Rotwein oder trockener Sherry, ersatzweise Brühe
Salz, schwarzer Pfeffer
150 g Schafskäse (Feta)
Croutons, nach Geschmack
Parmesan, nach Geschmack
glatte Petersilie, nach Geschmack

- Den abgezogenen Knoblauch fein hacken und in einem großen Topf mit Olivenöl bei niedriger Hitze glasig dünsten, bis sich sein Aroma entfaltet. Achtung: nicht bräunen!
- Paprikapulver zugeben und etwa 1 Min. rühren. Den Tomatensaft darüber gießen oder die Tomaten durch ein Sieb hineinstreichen (es sollten weder Schale noch Kerne in die Suppe kommen) und die Suppe aufkochen.
- Wein oder Brühe hinzufügen, mit Salz und Pfeffer würzen und 10–15 Min. köcheln lassen.
- Den gewürfelten Feta zugeben, Suppe in die Teller füllen, Croutons, frisch geriebenen Parmesan und fein gehackte Petersilie darüber streuen und sofort servieren.

Horsts Käsevariation

Anstatt mit Feta lässt sich die Suppe auch gut mit Greyerzer oder Cheddar verfeinern.

CREVETTES AMOUREUSES

Zutaten für 4–5 Personen

100 ml trockener Weißwein
100 ml Fischfond
300 ml Sahne
1–2 Stengel Estragonblätter
16–20 Riesengarnelen
ohne Schale
Salz, schwarzer Pfeffer
5 Schalotten
90 g Butter
2 cl Pernod

- 3/4 des Weißweins durch Köcheln reduzieren und Fischfond dazugeben. Auf die Hälfte einkochen, dann die Sahne und die fein gehackten Estragonblätter beigeben und das Ganze erneut einkochen.
- Garnelen salzen und pfeffern und zusammen mit den fein gehackten Schalotten in etwas Butter anbraten. Mit Pernod flambieren. Dann mit dem restlichen Weißwein ablöschen und zugedeckt 2–3 Min. ziehen lassen. Garnelen herausnehmen und warm stellen.
- Die restliche, weiche Butter unter die Weißweinsauce mischen und mit Salz und Pfeffer würzen.
- Garnelen in die Sauce geben und mit frischem Baguette servieren.

Horsts Empfehlungen

Statt des Fischfonds kann man auch mehr Weißwein nehmen, den muss man auch nicht so genau abmessen. Schmeckt sogar noch ein wenig delikater. Die Crevettes amoureuses eignen sich hervorragend als Vorspeise.

Horsts Getränketipp

Vin d'oranges: Saft von 1 kg Orangen durch ein Sieb filtern und mit 5 l Rosé aus der Provence, 1 Vanilleschote, 2 1/2 geriebenen Muskatnüssen, 1/4 l Alkohol (90 %) aus der Apotheke und 1/2 kg Zucker gut verrühren. 10 Tage zugedeckt durchziehen lassen (möglichst in einem großen Steinguttopf).
Dann in 7–8 Flaschen abfüllen und gut verschließen. Der Vin d'oranges hält sich etwa ein Jahr und man sollte ihn gekühlt servieren. Er ist ein köstlicher Aperitif, den man z. B. wunderbar vor den Garnelen servieren kann.

BUCHTELN

Zutaten für 4 Personen

500 g Mehl
1 Päckchen Trockenhefe
50 g Zucker
250 ml Milch
270 g Butter

1 unbehandelte Zitrone
1 Ei
1 Prise Salz
1 Glas Aprikosenmarmelade
Puderzucker

- Mehl in eine Schüssel geben und in der Mitte eine Mulde formen. Die Hefe mit etwas Zucker in 125 ml lauwarmer Milch auflösen und in die Mulde gießen. Mit einer Gabel ein wenig Mehl unter die Milch rühren und die Schüssel mit einem Tuch bedecken. An einem warmen Ort, z. B. neben der Heizung, etwa 10–15 Min. gehen lassen, bis die Hefemischung Blasen wirft.
- Die restliche Milch, den restlichen Zucker, gut 1/5 der zerlassenen Butter, die abgeriebene Zitronenschale, Ei und Salz dazugeben und gut 10 Min. kräftig durchkneten, bis der Teig glatt und geschmeidig ist. Anschließend in die bemehlte Schüssel legen, mit einem Tuch bedecken und an einem warmen Ort mind. 45 Min. gehen lassen, bis die Teigmenge sich etwa verdoppelt hat.
- Auf der bemehlten Arbeitsfläche nochmals kräftig durchkneten und 1/2 cm dick ausrollen. Aus dem Teig 24 Quadrate von etwa 10 cm Kantenlänge schneiden. In die Mitte eines jeden Quadrats 1 gehäuften TL Marmelade geben. Quadrate zur Hälfte zusammenfalten und das Teigstück dann von der schmalen Seite her aufrollen.
- Teigrollen mit den offenen Kanten nach oben in eine rechteckige, gefettete Backform setzen (2–3 cm Abstand). Nochmals 25 Min. gehen lassen.
- Im vorgeheizten Backofen bei 200 °C 45 Min. backen, dann gleich mit der restlichen zerlassenen Butter bestreichen, evtl. mit Puderzucker bestäuben und noch warm mit Vanillesauce servieren.

Karins Marmeladenvariation

Lecker schmecken die Buchteln auch mit Pflaumenmus.

MARILLENKNÖDEL

Zutaten für 4 Personen

- **Für den Teig**

300 g Topfen (Magerquark)
2 Eier
etwas Salz
1 unbehandelte Zitrone
200 g Mehl

- **Für die Füllung**

12 Marillen (Aprikosen)
12 Stück Würfelzucker
12 EL Butter
6 EL Semmelbrösel
2 EL Zucker

- **Für den Teig** den Topfen in ein Tuch geben und gut ausdrücken. Topfen mit Eiern und Salz verrühren. Abgeriebene Zitronenschale unter die Topfenmasse mischen. Dann das Mehl langsam einrühren. Den Teig 30 Min. kalt stellen.
- **Für die Füllung** die Marillen fast halbieren, den Kern herauslösen und dafür 1 Stück Würfelzucker hineingeben.
- Den Teig auf einer bemehlten Arbeitsfläche zu einer Rolle von etwa 7 cm Durchmesser formen und in 12 Stücke teilen. Die Stücke mit gut bemehlten Händen flachdrücken. Marillen mit dem Teig umhüllen und Knödel formen.
- Etwa 3 l Salzwasser zum Kochen bringen. Knödel in das Wasser geben und bei reduzierter Hitze etwa 15 Min. gar ziehen lassen.
- Butter in einer Pfanne schmelzen, Semmelbrösel und Zucker dazugeben und unter Rühren braun rösten.
- Marillenknödel aus dem Wasser nehmen, gut abtropfen lassen und in den gerösteten Bröseln wenden. Sofort servieren.

TOPFENPALATSCHINKEN

Zutaten für 4 Personen

- **Für den Teig**

225 g Mehl
1 Eigelb
2 Eier
500 ml Milch
5 EL neutrales Öl
Salz
Puderzucker, nach Geschmack

- **Für die Füllung**

3 Eier
75 g Zucker
1 Päckchen Vanillezucker
60 g Butter
250 g Topfen (Quark 20 %)
50 g Rosinen
1 unbehandelte Zitrone

- **Für die Füllung** die Eier trennen und Eigelb, Zucker, Vanillezucker und die weiche Butter schaumig rühren. Topfen in ein Tuch geben und gut ausdrücken. Dann zusammen mit Rosinen und etwas abgeriebener Zitronenschale unter die Eiermasse rühren. Eiweiß steif schlagen und unterheben.
- **Für den Teig** das Mehl, Eier, Milch, Öl und Salz gut miteinander verrühren. Je eine Kelle Teig in eine Pfanne mit heißem Öl gießen, von beiden Seiten bei mittlerer Hitze 10 dünne hellbraune Pfannkuchen backen und dann warm stellen.
- Füllung auf die warmen Pfannkuchen verteilen. Dann die Pfannkuchen aufrollen, mit Puderzucker bestreuen und sofort servieren.

Anette

Anette und die Roaring Twenties ... Wenn man sie so ansieht, könnte man meinen, sie lebe im falschen Jahrzehnt. Anette hat eine ausgeprägte Vorliebe für Kleidung, Musik und Möbel der zwanziger Jahre und ist geradezu eine Expertin für jene Zeit. Sie sprüht vor Lebensfreude und ist eine echte Genießerin. Unter hundert Rotweinen würde sie den Besten herausschmecken, und sie liebt gutes Essen. Dafür greift sie auch gern mal etwas tiefer in die Tasche: Wenn zu einem Gericht Seeteufel gehört, wie zu ihrem köstlichen Saltimbocca vom Seeteufel, dann muss es auch Seeteufel sein und keine Billigvariante. Was zählt, sind die Qualität und der feine Geschmack.

Anette ist eine sehr patente Frau. Schnell und dennoch gewissenhaft regelt sie ihr Alltagsleben. Lästige, aber notwendige Kleinigkeiten werden nicht auf die lange Bank geschoben, sondern sofort erledigt, um Platz zu schaffen für das Wesentliche im Leben. Und dafür hat sie einen sicheren Blick. Sie arbeitet gern und mit viel Verve als Grafikerin. Aber noch wichtiger ist ihr die Freizeit. Anette liebt es, mit Freunden in der Sonne zu sitzen und Kaffee zu trinken – auf Kuchen verzichtet sie dabei allerdings freiwillig, denn sie hat eine nicht gerade verbreitete Abneigung gegen alles, was süß schmeckt.

Auf Platz eins ihrer Lieblings-Freizeitbeschäftigungen stehen ausgedehnte Spaziergänge im Berliner Umland mit ihrem Mann Michael. Ein Höhepunkt dieser Spaziergänge ist stets die Einkehr in einem nahegelegenen Landgasthof, in dem sich die beiden an kalten Tagen bei einem Glas Wein und Wildschweinbraten aufwärmen.

Anette lädt häufig Gäste zum Essen ein. Sie kocht sehr gut und vor allem schnell. Innerhalb kürzester Zeit stehen fein geschnittenes Gemüse, eingelegtes Fleisch und sorgsam gezupfte Kräuter auf der Arbeitsplatte, Brettchen für Brettchen ordentlich nebeneinander aufgereiht. Und Achtung! In der Küche ist sie der Chef. Man sollte niemals auf die Idee

kommen, ihr helfen zu wollen. Das würde ihre persönliche Kochordnung durcheinanderbringen.
Im Winter, wenn es draußen so richtig kalt ist, kocht Anette für ihre Freunde gern Hirschgulasch. Das Rezept klingt etwas kompliziert und aufwendig, ist aber eigentlich ganz einfach, und es gelingt ihr immer wieder, ihre Gäste damit ein wenig zu beeindrucken. Wenn sie richtig Eindruck schinden will, serviert sie vor dem Gulasch noch einen sehr delikaten Salat mit Ziegenkäse und karamellisierten Weintrauben, ebenfalls einfach in der Zubereitung – aber das muss man ja nicht jedem verraten.
Auch für den Sommer hat Anette ein Lieblingsgericht, eines, das sie an ihren ersten Sommer in Berlin erinnert. Damals traf sie sich jeden Tag mit einer Freundin, die immer rote Linsensuppe kochte. Und so hat Anette zu dieser Zeit kaum etwas anderes gegessen als diese Suppe! Zur Suppe gab es immer Wodka mit Grapefruitsaft. Anette schwelgt noch heute in der Erinnerung an jenen Sommer mit seinen täglichen Ritualen: das Glücksgefühl, endlich in Berlin zu wohnen, einfach abzuhängen und mit der Freundin auf deren abbruchgefährdetem Balkon rote Linsensuppe zu löffeln und dazu Wodka-Grapefruit zu schlürfen. Eigentlich müsste man ja meinen, Linsensuppe im Sommer, wenn einem ohnehin schon die ganze Zeit warm ist, sei doch ein wenig zu viel des Guten, aber diese ist eigentlich zu jeder Jahreszeit perfekt, denn sie ist überhaupt nicht schwer, wie manch eine andere Linsensuppe. Im Laufe der Jahre hat Anette die Suppe perfektioniert, und noch heute kann sie nicht aufhören, davon zu essen, wenn sie einmal angefangen hat.

SALTIMBOCCA VOM SEETEUFEL MIT KARTOFFEL-PASTINAKEN-PÜREE

Zutaten für 4 Personen

Für den Fisch

500 g Seeteufelschwänze
2 EL Zitronensaft
Salz, schwarzer Pfeffer
8 Scheiben Parmaschinken
8 große Salbeiblätter
8 Zahnstocher
2–3 EL Olivenöl
5 Zweige Thymian

Für das Püree

500 g Kartoffeln
500 g Pastinaken
50 g Butter
evtl. Milch
Salz, schwarzer Pfeffer

Für den Spinat

1 kg frischer Blattspinat
3 rote Zwiebeln
2 EL Olivenöl
3 Knoblauchzehen
Salz

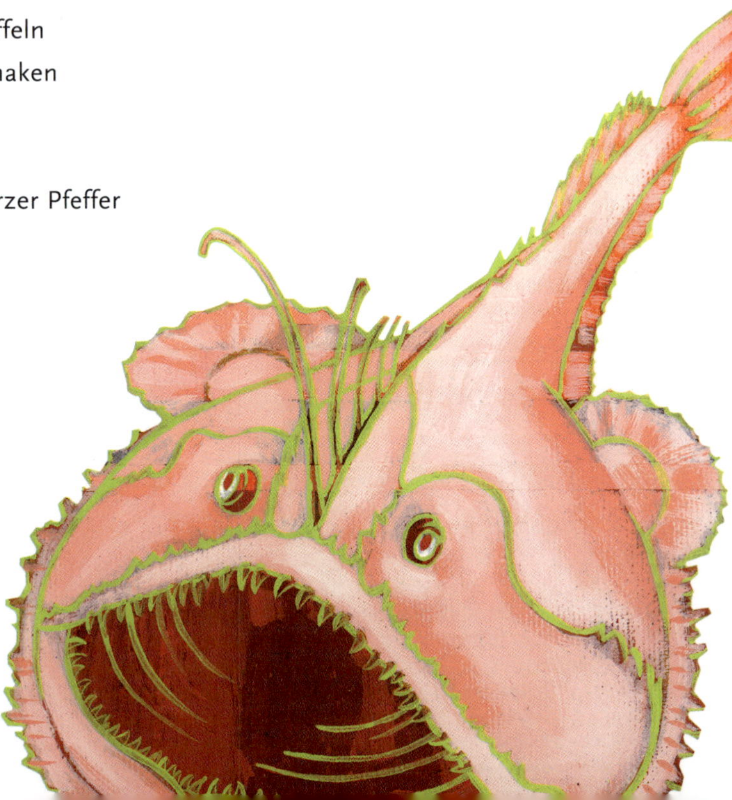

- **Für den Fisch** die Seeteufelschwänze mit Zitronensaft beträufeln und mit Salz und Pfeffer einreiben. Dann in Parmaschinken einschlagen.
- Auf jedem Schwanz ein Salbeiblatt mit einem Zahnstocher befestigen. In einer Pfanne mit Olivenöl von beiden Seiten etwa 5 Min. anbraten.
- Ein Blech mit Alufolie bedecken, den Fisch und die Thymianzweige darauf legen und im vorgeheizten Backofen bei 100 °C 10 Min. nachgaren.
- **Für das Püree** die geschälten Kartoffeln und Pastinaken in grobe Stücke schneiden und in Salzwasser etwa 20 Min. gar kochen.
- Gut ausdämpfen lassen und durch eine Kartoffelpresse oder ein Sieb drücken. Die flüssige Butter und evtl. etwas warme Milch unterrühren, mit Salz und Pfeffer würzen und warm stellen.
- **Für den Spinat** die Blätter gut putzen und die Stiele entfernen. Die geschälten Zwiebeln fein hacken und in Olivenöl andünsten. Blattspinat zugeben und kurz mit anbraten.
- Den abgezogenen und fein gehackten Knoblauch dazugeben. 50 ml Wasser hinzugeben, salzen und zugedeckt bei mittlerer Hitze etwa 10 Min. köcheln lassen. Zwischendurch mehrmals umrühren.
- Die Seeteufelschwänze mit dem Kartoffel-Pastinaken-Püree und dem Spinat auf vier Teller verteilen und sofort servieren.

HIRSCHGULASCH MIT OFEN-KARTOFFELN UND CHAMPIGNONS

Zutaten für 4 Personen

- **Für das Hirschgulasch**

1 kg Hirschfleisch aus der Keule
5 EL Olivenöl
300 g Schalotten
3 Knoblauchzehen
1 EL Tomatenmark
Salz, roter Pfeffer
100 g Trockenpflaumen
1 Flasche Rotwein
3–4 Lorbeerblätter
3 EL Wildpreiselbeeren
1 Zweig Rosmarin
1 Zweig Thymian
150 g Crème fraîche

- **Für das Gemüse**

10–12 mittelgroße festkochende Kartoffeln
500 g rosa Champignons
grobes Meersalz
3 Zweige Rosmarin
Olivenöl

- **Für das Hirschgulasch** das Fleisch abspülen, trocken tupfen, in etwa 3–4 cm große Würfel schneiden und in einem großen Topf (am besten eignet sich ein gusseiserner Topf) in Olivenöl rundherum anbraten. Dann das Fleisch herausnehmen und beiseite stellen.
- Die geschälten Schalotten halbieren und den abgezogenen Knoblauch in dünne Scheiben schneiden. Schalotten im Bratfett kurz andünsten, Knoblauch und Tomatenmark dazugeben und etwa 1 Min. unter Rühren mit andünsten.
- Fleisch zugeben und mit Salz und Pfeffer würzen. Die Trockenpflaumen in dünne Streifen schneiden und unterrühren.
- Rotwein zugießen, bis das Fleisch von der Flüssigkeit ganz bedeckt ist. Noch einmal kurz aufkochen. Lorbeerblätter, Wildpreiselbeeren, Rosmarin und Thymian zugeben und im geschlossenen Topf bei niedriger Hitze etwa 50 Min. schmoren lassen.
- Fleisch herausnehmen und warm stellen. Die Flüssigkeit im offenen Topf bei großer Hitze einkochen lassen, bis die Sauce sämig ist. Crème fraîche unterrühren. Fleisch wieder in die Sauce geben und alles mit Salz und Pfeffer abschmecken.
- **Für das Gemüse** die geschälten Kartoffeln vierteln und auf einem mit Olivenöl gut eingeölten Backblech verteilen. Die geputzten und halbierten Champignons zwischen den Kartoffeln verteilen. Mit reichlich Meersalz und dem Rosmarin bestreuen, evtl. noch mit etwas Olivenöl beträufeln und anschließend im vorgeheizten Backofen bei 200 °C 30–40 Min. auf mittlerer Schiene garen.

Anettes Empfehlung

Das Gulasch schmeckt noch besser, wenn man es schon am Vortag zubereitet.

SALAT MIT ZIEGENKÄSE, WALNÜSSEN & KARAMELLISIERTEN WEINTRAUBEN

Zutaten für 4 Personen

- **Für den Salat**

4 Römersalatherzen
4 Frühlingszwiebeln
2 säuerliche Äpfel (z. B. Boskop)
100 g Walnüsse
200 g blaue Weintrauben (möglichst kernlos)
2 EL Zucker
2 EL Walnussöl
2 Rollen Ziegenkäse (à 200 g)
1 Baguette

- **Für die Sauce**

2 EL körniger Dijonsenf
2 EL Honig
4 EL weißer Balsamico
5 EL Walnussöl
Salz, schwarzer Pfeffer

• **Für die Sauce** zunächst Senf und Honig verrühren, dann den Balsamico zugeben und schließlich das Walnussöl unterrühren. Salzen und pfeffern.

• **Für den Salat** die Salatherzen waschen, klein zupfen und auf 4 Teller verteilen.

• Frühlingszwiebeln in dünne Streifen, die geschälten Äpfel in kleine Stückchen schneiden und beides auf dem Salat verteilen.

• Walnüsse und Weintrauben mit Zucker und Walnussöl andünsten und ebenfalls auf dem Salat verteilen.

• Ziegenkäse in Scheiben schneiden und auf den etwa 1,5 cm dicken Baguettescheiben verteilen. Die Scheiben im vorgeheizten Backofen auf mittlerer Schiene bei 180 °C 5–10 Min. backen, bis der Käse anfängt zu schmelzen.

• Die Sauce über den Salat träufeln, die Baguettescheiben mit dem Ziegenkäse dekorativ dazulegen und servieren.

ROTE LINSENSUPPE

Zutaten für 4 Personen

1 Zwiebel
1 TL Butter
300 g rote Linsen
4–5 Kartoffeln
2–3 Karotten
2 EL Instant-Gemüsebrühe
2 EL Zucker
500 g passierte Tomaten
1 kleine Dose Tomatenmark (70 g)
3 EL Schmand
Salz, schwarzer Pfeffer

- Zwiebel grob hacken und in einem großen Topf mit Butter glasig dünsten.
- Linsen gut abspülen, geschälte Kartoffeln und Karotten in nicht zu kleine Würfel schneiden und zu den Zwiebeln geben.
- Gemüsebrühe und Zucker dazugeben und mit Wasser auffüllen, bis alles gerade gut bedeckt ist. Unter Rühren aufkochen. Tomaten dazugeben und noch einmal aufkochen.
- Bei kleiner Hitze etwa 20 Min. köcheln. Zwischendurch immer wieder umrühren, da die Linsen recht schnell anbrennen. Es wird eine relativ dicke Suppe, fast ein Eintopf. Wer es lieber dünner mag, kann nach Belieben noch mehr Wasser und entsprechend auch etwas mehr Gemüsebrühe dazugeben.
- Wenn Linsen, Kartoffeln und Karotten weich sind, Tomatenmark und Schmand unterrühren, mit Salz und Pfeffer abschmecken und servieren.

Anettes Empfehlung

Am besten immer große Portionen kochen, denn die Suppe schmeckt von Tag zu Tag besser.

Anneke

Meine Schwester Anneke ist die mittlere von uns drei Schwestern. Das Sandwichdasein scheint ihrer Entwicklung nicht geschadet zu haben, obwohl sie rückblickend erzählt, wie ungerecht sie es oft fand, wenn sie beim Tischdecken zu den Großen gerechnet wurde, beim Schlafengehen dann aber zu den Kleinen.

Als Kinder wurden wir nicht müde, immer und immer wieder unserer Lieblingsbeschäftigung nachzugehen: dem Bau einer Knurmel. Letztlich bedeutete das nichts anderes, als in meiner damaligen Schlafkoje mit den buntgeblümten Vorhängen alle verfügbaren Bettdecken und Kissen zusammenzutragen und diese wie eine Art Schutzwall entlang der Holzwände aufzuschichten. Wenn dann alles soweit hergerichtet war, zogen wir die Vorhänge zu und knipsten die Lampe an, die im Innern der Koje befestigt war. Wir Kinder fanden es in der Knurmel urgemütlich, und das Besondere an diesem Platz war natürlich auch, dass er uns ganz allein gehörte. Unseren Eltern war der Eintritt strengstens verboten. Wieso die Knurmel nun Knurmel hieß, weiß ich nicht mehr; auf alle Fälle war es Anneke, die sich den Namen ausgedacht hatte. Überhaupt hat sie die kreativsten Spiele erfunden und durch den Kauf schöner Malhefte vielleicht wesentlich zu meinem künstlerischen Werdegang beigetragen.

Unsere Lieblingsbeschäftigung Nummer zwei bestand darin, schöne Frauen und wilde Tiere zu zeichnen (zwischendurch war es zeitweise erlaubt, Aleta aus dem Prinz-Eisenherz-Comic mit ihrer Wahnsinnslockenpracht einfach nur durchzupausen). Über Jahre haben wir das mit großer Ausdauer und ungeheurer Ernsthaftigkeit betrieben und uns sogar gegenseitig Noten dafür gegeben. Allerdings hat Anneke von mir stets deutlich schlechtere Noten bekommen als ich von ihr. Als mir kürzlich die alten Malhefte in die Hände fielen, wusste ich, dass sie schon damals Diplomatin war. Vielleicht ist es das, was ein Sandwich ausmacht: die Erkenntnis, dass es das Oben und Unten ohne die Mitte nicht geben würde.

Die Pädagogengene meiner Eltern sind nur bei ihr durchgeschlagen. Anneke arbeitet als Lehrerin an einer Gehörlosenschule. Wenn sie sich mit ihren gehörlosen Freunden unterhält, fliegen die Handzeichen rasch und lautlos durch die Luft. Und das mit einer solchen Eleganz, dass ich jedesmal fasziniert zuschaue, obwohl ich keinen blassen Schimmer habe, worüber sie sich unterhalten.

Anneke ist ein echter Wohlfühltyp, und sie hat die Gabe, es sich und anderen in ihrer Wohnung so richtig gemütlich zu machen. Wenn man am Abend mit ihr bei Kerzenschein einen ayurvedischen Tee trinkt und von ihrem selbstgebackenen Hüttenkäsebrot probiert, ist das Entspannung pur. Hektik und ein voller Terminkalender sind Anneke ohnehin ein Gräuel. Die passionierte Leserin verbringt ihre Freizeit denn auch am liebsten mit einem spannenden Buch auf dem Sofa. Zu einem gelungenen Wochenende gehört bei ihr auf jeden Fall, morgens lang im Bett zu liegen – kein Wunder, denn während der Woche muss sie noch vor Morgengrauen aufstehen, um rechtzeitig in der Schule zu sein. Zwar wacht sie auch am Wochenende meistens früh auf, geht dann aber nur schnell in die Küche, um sich eine Tasse Chai zu machen und sich dann wieder ins warme Bett zu kuscheln. Dort vertieft sie sich dann noch ein, zwei Stunden in einen ihrer dicken Schmöker und nippt zwischendurch an ihrem süßen orientalischen Tee.

Anneke kocht gern und freut sich immer über neue Anregungen. Auf der Suche nach interessanten Rezepten durchstöbert sie Zeitschriften und Kochbücher, und wenn sie bei Freunden etwas Leckeres aufgetischt bekommt, lässt sie sich stets auch das Rezept dazu geben. Eines ihrer Lieblingsrezepte stammt von Mari, einer Finnin, die als Gastschülerin ein Jahr lang in unserer Familie gelebt hat. Wenn Mari Heimweh hatte, machte sie oft Ohrfeigen (Korvapuustit), sozusagen die finnische Variante des Hamburger Franzbrötchens. Anneke war begeistert, notierte sich das Rezept und hat die finnischen Zimthefeschnecken schon oft nachgebacken.

Vor einigen Jahren hat sie sich ein persönliches Rezeptbuch angelegt, in das sie fein säuberlich alles einträgt, was sie irgendwann irgendwo einmal gegessen hat und besonders lecker fand: zum Beispiel ihren Mohnmilchreis mit Aprikosenkompott. Anneke liebt diesen Milchreis, und wenn ein Buch besonders spannend ist, löffelt sie schon mal eine Portion für vier Personen weg.

Im Unterricht ist sie einfallsreich und versucht, trockenen Stoff so anschaulich wie möglich zu vermitteln. Besonders erfolgreich war ihre Cocktailmethode zur Berechnung von Zylindervolumen: Anstatt die Schüler mit abstrakten Zahlen zu langweilen, gab Anneke ihnen die Aufgabe, einen Fruchtcocktail zu mixen. Dafür stellte sie je ein Glas bereit, gab die Mengen für die einzelnen Zutaten an und ließ die Schüler dann die Füllhöhe der einzelnen Bestandteile im Glas ausrechnen. Und siehe da, plötzlich waren alle konzentriert bei der Arbeit und darauf erpicht, den besten Cocktail zu mixen.

Ebenso spielerisch-kreativ ist Anneke bei Geschenken. Und Anneke schenkt gern und nicht selten ohne bestimmten Anlass. Besonders gefreut habe ich mich letztes Jahr über einen Adventskalender. Natürlich bestand der nicht einfach aus vierundzwanzig Päckchen mit Süßigkeiten. Mein Adventskalender war eine selbstgemachte CD zum Hören und Raten. Für jeden der vierundzwanzig Tage bis Weihnachten hatte Anneke einen ihrer Lieblingssongs ausgesucht und ein zu erratendes Weihnachtsgeräusch mit dem Mikrofon aufgenommen. Also gab es in meiner Vorweihnachtszeit ein schönes Ritual: Jeden Morgen hörte ich nach dem Duschen das Lied für den jeweiligen Tag. Beim Kaffee machte ich mich dann daran, das Weihnachtsgeräusch zu enträtseln. Einiges war leicht zu erraten, etwa das Knistern eines Feuers oder das Singen von Weihnachtsliedern. Das Aufgießen eines Tees hielt ich allerdings zunächst für die Klospülung, und das Knuspern von selbstgebackenen Weihnachtskeksen verwechselte ich mit dem Nagen an einer harten Möhre.

HÜTTENKÄSEBROT

Zutaten für 1 Kastenform (30 cm Länge)

2 EL gewürfelte Zwiebel
2 EL frischer Dill
(oder 1 TL getrockneter)
30 g Butter
200 g Hüttenkäse
2 EL Honig
etwa 60 ml warmes Wasser

1 TL Salz
1 Ei
250 g Weizenvollkornmehl
1 Päckchen Trockenhefe
370–500 g Weizenmehl
4 EL Olivenöl

• Die geschälten Zwiebeln und den Dill klein hacken und die Butter zerlassen. Hüttenkäse etwas anwärmen, bis er lauwarm ist, dann mit Honig, Zwiebeln, Butter, Wasser, Dill, Salz und dem Ei verrühren.
• Vollkornmehl und Hefe vermischen und die Hüttenkäsemischung damit verrühren. Nach und nach das weiße Mehl dazugeben und verkneten. Der Teig sollte etwas klebrig bleiben, das Brot wird sonst zu trocken. Nur so viel Mehl einkneten, bis sich der Teig gut kneten lässt.
• Den Teig mit der Hälfte des Olivenöls rundherum einölen, in eine Schüssel legen, mit einem feuchten Tuch bedecken und 1 Std. gehen lassen.
• Teig noch einmal durchkneten, in die gefettete Backform geben und noch einmal 1 Std. zugedeckt gehen lassen. Im vorgeheizten Backofen bei 175 °C etwa 40 Min. backen. Dann mit einem Holz- oder Metallspieß einstechen: Wenn Teig daran kleben bleibt, muss das Brot noch ein wenig länger gebacken werden.
• Das Brot nach dem Herausnehmen sofort mit Olivenöl einstreichen.

Annekes Empfehlungen

Schmeckt warm mit Butter am besten, passt besonders gut als Beilage zu Suppen. Außerdem eignen sich das Brot und die Dill-Cheddar-Paste wunderbar für ein Partybuffet.

Annekes Lieblingsaufstrich

Dill-Cheddar-Paste: 250 g Hüttenkäse, 100 g Vollmilchjoghurt, 1/2 TL Zitronensaft und 1 abgezogene und zerdrückte Knoblauchzehe in einer mittelgroßen Schüssel mischen. Schüssel abdecken und etwa 1 Std. in den Kühlschrank stellen. Dann 200 g geriebenen Cheddar in die Hüttenkäsemischung einrühren. Den Käseaufstrich mit 1 Bund fein gehacktem Dill komplett bedecken und bis zum Servieren im Kühlschrank aufbewahren. Je nach Geschmack kann man den Aufstrich auch mit Gouda oder Greyerzer und mit Schnittlauch oder Petersilie zubereiten.

FINNISCHE OHRFEIGEN

Zutaten für 1 Blech

600–650 g Mehl
1 Würfel frische Hefe
70 g Zucker
250 ml Milch
130 g Butter
1 Ei
1/2 TL Salz
1 ordentliche Prise Kardamom
2 TL Zimt
2 TL Zucker
evtl. gemahlene Mandeln
1 Ei oder etwas Sahne
evtl. Hagelzucker

- Mehl in eine Schüssel geben und in der Mitte eine Mulde formen. Die Hefe mit etwas Zucker in 125 ml lauwarmer Milch auflösen und in die Mulde gießen. Mit einer Gabel ein wenig Mehl unter die Milch rühren und die Schüssel mit einem Tuch bedecken. An einem warmen Ort, z. B. neben der Heizung, etwa 10–15 Min. gehen lassen, bis die Hefemischung Blasen wirft.
- Die restliche Milch, den restlichen Zucker, etwa 3/4 der zerlassenen Butter, Ei, Salz und Kardamom dazugeben und gut 10 Min. kräftig durchkneten, bis der Teig schön glatt und geschmeidig ist. Anschließend in die bemehlte Schüssel legen, mit einem Tuch bedecken und an einem warmen Ort mind. 45 Min. gehen lassen, bis sich die Teigmenge etwa verdoppelt hat.
- Den Teig nochmal gut durchkneten. Dann auf einer bemehlten Fläche zu einer etwa 1 cm dicken, rechteckigen Platte ausrollen. Diese mit der restlichen, flüssigen Butter bestreichen, Zimt, Zucker und evtl. gemahlene Mandeln darüber streuen.
- Die Teigplatte der Länge nach aufrollen und mit einem Messer im Zickzack dreieckige Stücke davon abschneiden und jedes Stück in der Mitte kräftig eindrücken. Die Ohrfeigen auf ein gefettetes Backblech geben und noch einmal 20 Min. gehen lassen.
- Die aufgegangenen Ohrfeigen mit geschlagenem Ei oder flüssiger Sahne bestreichen und evtl. mit Hagelzucker bestreuen. Im vorgeheizten Backofen bei 225 °C etwa 10 Min. backen. Abgekühlt servieren.

Annekes Getränketipp

Chai (orientalischer Sahnetee): Für eine Kanne Tee 500 ml Wasser mit 1 kleinen Zimtstange, 6 Gewürznelken und 4–6 Kardamomkapseln zum Kochen bringen und 10 Min. zugedeckt köcheln lassen. 200 ml Milch zugeben, nach Geschmack mit Zucker oder Honig süßen und noch einmal aufkochen. Topf vom Herd nehmen, 3 TL Assam-Tee zugeben und noch einmal 2 Min. zugedeckt ziehen lassen. Abseihen und sofort servieren.

MOHNMILCHREIS MIT APRIKOSENKOMPOTT

Zutaten für 4 Personen

- **Für den Milchreis**

  1 l Milch

  4 EL Zucker

  1 Prise Salz

  200 g Milchreis

  60 g Mohn

  300 g Sahnejoghurt

- **Für das Aprikosenkompott**

  200 g getrocknete Aprikosen

  700 ml Apfelsaft

  1 EL Speisestärke

  1 Limette

• **Für den Milchreis** die Milch mit Zucker und Salz aufkochen. Milchreis und Mohn einrühren und bei niedriger Hitze 40 Min. ausquellen lassen (die letzten 10 Min. kann die Herdplatte ausgeschaltet sein). Den Mohnmilchreis abkühlen lassen und den Joghurt unterrühren.

• **Für das Aprikosenkompott** die Früchte in 500 ml Apfelsaft aufkochen und dann etwas abkühlen lassen.

• Den restlichen Apfelsaft mit Speisestärke verrühren und zu den Aprikosen geben. Noch einmal aufkochen lassen. Mit dem ausgepressten Limettensaft abschmecken. Langsam auf ausgeschalteter Platte mit geschlossenem Deckel abkühlen lassen.

• Milchreis und Aprikosenkompott zum Dessert servieren.

Bernhard

Müsste man im Leben nicht irgendwie seinen Lebensunterhalt verdienen, würde Bernhard wahrscheinlich den lieben langen Tag auf einer Strandmatte an der französischen Atlantikküste liegen – und lesen, lesen, lesen. Seine Wohnung ist eine wahre Fundgrube für Bücherfans. In jedem Zimmer reichen die Regale bis unter die Decke und sind zum Bersten gefüllt mit alter und neuer Literatur, mit Sach- und Fachbüchern, bibliophilen Ausgaben und zerfledderten Taschenbüchern. Mit seinen langen, fast schwarzen Haaren, seinen sparsamen Gesten und der großen, gebogenen Nase hat Bernhard etwas von einem Dichter und Denker aus alten Zeiten. Fehlen nur noch die Feder in seiner Hand und das Samtband im Haar – dann wäre das Bild perfekt.

Bernhard ist in Konstanz geboren und aufgewachsen, doch sein Herz schlägt für Frankreich. Mit seiner Leidenschaft für das Land der erlesenen Genüsse kann er meinen Eltern durchaus das Wasser reichen. Wenn Bernhard von einem Frankreichurlaub zurückkehrt, hat er immer etliche französische Lebensmittel im Gepäck: Käse, Wein, Lavendelhonig und Moutarde de Dijon – Dijonsenf. Den kann man zwar auch in Berlin kaufen, aber als Mitbringsel direkt aus Frankreich schmeckt er natürlich noch viel besser. Bernhard rettet auf diese Weise immer ein Stück Savoir-vivre in den deutschen Alltag hinüber. Wenn er wieder einmal sein Kaninchen in Senfsauce zubereitet, strömt ihm so schon beim Öffnen des Senfglases ein Hauch Frankreich entgegen.

Bernhard strahlt eine Ruhe und Besonnenheit aus, wie man sie nur noch bei wenigen Menschen erlebt. Dass er außerdem einen erstaunlichen Wortwitz hat, habe ich erst spät bemerkt. Denn Bernhard spricht ungewöhnlich leise, und um alles mitzubekommen, was er sagt, muss man beim Gespräch recht nah an ihn heranrücken. Das bedeutet allerdings nicht, dass er nichts zu erzählen hätte – im Gegenteil: Ich kenne keinen anderen Mann, der so ausdauernd und konzentriert über Stunden mit seinem besten Freund telefonieren kann. Zum einen lieben es die beiden Geisteswissenschaftler leidenschaftlich zu fachsimpeln, über Immanenz und Transzendenz, Politik und Gesellschaft, Literatur und Engagement. Zum anderen tauschen sie sich aber auch ausführlich über die Liebe und das Leben aus.

Stadtspaziergänge mit Bernhard sind ein echtes Erlebnis. Zu jedem Gebäude, jedem Straßenzug weiß er eine Geschichte zu erzählen, die er mit historischen Fakten untermauert. Und er ist ein guter Erzähler, dem man gerne zuhört. Die Art, wie er seinen Begleitern die Geschichte Berlins nahebringt, würde jeden Lehrer begeistern.

Obendrein ist Bernhard ein formvollendeter Gastgeber und ein exzellenter Koch. Natürlich kocht er gern französisch. Als er meine Freundin Kula und mich vor einiger Zeit zu einem provenzalischen Schmortopf eingeladen hatte, lag eine gestärkte Leinendecke auf dem Tisch, die Kristallgläser glänzten im Schein der Wintersonne, die durchs Fenster fiel, und im Hintergrund lief leise eine Platte mit französischen Chansons. Aus der Küche drang der Duft von Thymian, Speck und Rotwein, und Kula und ich fühlten uns für einen kurzen Augenblick in ein kleines provenzalisches Restaurant versetzt, in dem uns ein freundlicher Kellner zuvorkommend bewirtete.

Gut, de facto waren wir »nur« in Berlin, aber immerhin wohnt Bernhard im Stadtteil Schöneberg, dem Savoir-vivre-Viertel Berlins. Und der anschließende Verdauungsspaziergang über den belebten Winterfeldtmarkt mit seinen farbenfrohen Ständen und dem überbordenden Gemüseangebot hätte in Paris wohl kaum schöner sein können.

savoir
vivre
savoir

KANINCHEN IN SENFSAUCE MIT BANDNUDELN

Zutaten für 4 Personen

4 große Kaninchenfilets (etwa 700 g)
Salz, schwarzer Pfeffer
2–3 EL körniger Dijonsenf
2 Schalotten
1–2 Knoblauchzehen
Olivenöl
125 ml trockener Weißwein
200 g Crème fraîche
1 TL Kräuter der Provence
400 g Bandnudeln

- Kaninchenfilets salzen, pfeffern und mit 1 EL Senf einreiben. Dann in mundgerechte Stücke schneiden.
- Die geschälten Schalotten und den abgezogenen Knoblauch fein hacken und in Olivenöl anbraten.
- Kaninchenfleisch dazugeben, ebenfalls anbraten und den Weißwein angießen. Crème fraîche, den restlichen Senf und Kräuter der Provence zufügen. Gut umrühren und bei niedriger Hitze zugedeckt 30 Min. köcheln lassen. Bei Bedarf noch ein wenig Wasser oder Wein zugeben.
- Bandnudeln in reichlich Salzwasser al dente kochen. Die gut abgetropften Nudeln auf vier Tellern anrichten. Kaninchen mit Senfsauce darüber geben und servieren.

Bernhards Empfehlung

Am besten bereitet man das Kaninchen schon am Vortag zu und lässt es über Nacht im Kühlschrank stehen. Dann schmeckt es noch besser!

PROVENZALISCHER SCHMORTOPF

Zutaten für 6–8 Personen

1 kg Rindfleisch (aus der Schulter)
750 g mageres Lammfleisch (aus der Keule)
15 Schalotten
15 Knoblauchzehen
1 l französischer Rotwein
2–3 EL Olivenöl
5 Zweige Thymian
2 Zweige Rosmarin
10 schwarze Pfefferkörner
1 Handvoll schwarze Oliven mit Kern
200 g durchwachsener Speck
Salz, schwarzer Pfeffer

• Rind- und Lammfleisch in mundgerechte Stücke schneiden. Die geschälten Schalotten und die abgezogenen Knoblauchzehen fein hacken.

• Rotwein mit Olivenöl, der Hälfte der Schalotten und des Knoblauchs und den Kräutern und Pfefferkörnern mischen. Das Fleisch in die Marinade geben und mind. 2 Std. ziehen lassen.

• Das gut durchgezogene Fleisch aus der Marinade nehmen und in einem Schmortopf anbraten. Die restlichen Zwiebel- und Knoblauchwürfel, Oliven sowie den gewürfelten Speck hinzufügen und mit Salz und Pfeffer würzen.

• Marinade darüber gießen und alles zugedeckt bei 225 °C etwa 2 1/2 Std. im Backofen garen. Wenn das Fleisch dann noch nicht weich ist, kann man es noch bis zu 1 Std. weitergaren.

• Fleisch herausnehmen und warm stellen. Den Sud durch ein Sieb gießen, Oliven aus dem Sieb nehmen und zurück in den Schmorsaft geben. Fleisch wieder zugeben und mit Salz und Pfeffer abschmecken.

• Schmortopf mit Reis oder Kartoffeln sofort servieren.

Bernhards Weinempfehlung

Am besten schmeckt es, wenn man für das Gericht denselben Rotwein verwendet, den man auch zum Essen trinkt, zum Beispiel einen guten Côtes du Rhône oder einen Wein aus dem Luberon.

Babs

Eigentlich heißt Babs natürlich Barbara. Sie hasst ihren Spitznamen, wird aber trotzdem von Familie und engen Freunden seit jeher so genannt. Und irgendwie passt der Name auch zu ihrer frischen Art.

Babs ist für mich als Nordlicht der lebende Beweis dafür, dass an der Sache mit dem Nord-Süd-Gefälle nichts dran ist. Jedenfalls fühlt sich die Bayerin im hohen Norden sehr wohl. Sie vereint vortrefflich bayerische Gemütlichkeit mit hamburgischer Arbeitsdisziplin. Die ehrgeizige Frau Doktor trägt als Juniorprofessorin am sprachwissenschaftlichen Institut eine große Verantwortung. Engagiert und hochkonzentriert geht sie ihrer Arbeit nach. Wenn sie von anstehenden wissenschaftlichen Projekten berichtet, tut sie das souverän und wortgewandt – und ich verstehe meist nur ansatzweise, worum es geht. Aber nach getaner Arbeit, bei der Brotzeit, sprechen wir eindeutig die gleiche Sprache. Die sonst so gezügelte, korrekte Babs lässt es sich bei der abendlichen Vesper so richtig gutgehen. Dann tauscht sie den Anzug gegen eine gemütliche Cordhose ein und schlüpft in bequeme Wollsocken Dann löst sie auch den dicken Haarknoten, sodass ihr die rotbraune Mähne lässig über die Schultern fällt und ihr rundes, sommersprossiges Gesicht unterstreicht. In diesen Momenten kann ich sie mir wunderbar als rote Zora vorstellen, die vergnügt die elterliche Alm hinunterjagt.

Als es Babs noch einmal berufsbedingt für zwei Jahre nach Bayern verschlug, stattete ich ihr in München einen Besuch ab. Für mich war es die erste Reise nach Bayern. Und ich kann mich Babs nur anschließen, die über ihre Heimat sagt: »A schönes Fleckerl Erde!« In München überraschte mich die gut gelaunte Babs einmal mehr mit ihren hervorragenden Gastgeberqualitäten. Kaum waren wir in ihrer Wohnung angekommen, servierte sie mir schon ein Glas Kullerpfirsich, mit dem wir auf mein erstes Wochenende in Bayern anstießen. Kullerpfirsich hatte es bei ihren Eltern im Sommer immer gegeben, wenn Besuch kam, der bis zum Abend blieb, und in der Obstschale noch ein paar Pfirsiche lagen. Ein typisches Siebziger-Jahre-Getränk, für das man endlich einmal die Gläser benutzen kann, mit denen man sonst nichts anzufangen weiß. Babs kennt das Getränk, seit sie denken kann und seit ihr Denken zum ersten Mal entschieden durcheinander geriet, denn ein Kullerpfirsich war auch für ihren ersten Schwips verantwortlich. Damals war sie acht Jahre alt und hatte von einem saftigen Pfirsich gegessen, der in einem Bowleglas übriggeblieben war ... Mittlerweile hat das Getränk Kultcharakter, insbesondere, wenn man dazu kniffelt, was wir an jenem Abend in München – allerdings erst nach dem Essen – auch ausgiebig taten. Nach dem Aperitif aßen wir eine dunkelorange, scharfe Süßkartoffelsuppe aus farblich passenden, blumengemusterten Siebziger-Jahre-Tellern. Diese Suppe gelingt immer und schmeckt ganz besonders. Das Praktische ist, dass man eigentlich so ziemlich alle Zutaten auf Vorrat einkaufen kann und dann »ganz spontan« mit einem kleinen Süppchen beeindrucken kann. Das Rezept hat Babs schon öfter aus einer Ich-koch-uns-schnell-was-Verlegenheit gerettet und ihr obendrein den Ruf einer Meistersuppenköchin eingetragen.

Groß geworden auf einer Alm in Bayern, ist Babs natürlich auch mit der regionalen Küche sehr vertraut. Semmelknödl mit Schwammerl, wie die Bayern unsere Pilze nennen, sowie Obatzter gehören zu ihren Lieblingsgerichten. Offenbar sind die Bayern Meister im Verwerten – oder, wie sie selbst sagen würden, im Veredeln – von Resten. Was also für die Semmelknödl gilt, gilt auch für den Obatzten. Er eignet sich perfekt als Brotaufstrich, als Partydipp oder schlicht als Käseverwertungsrezept. Das Wort Obatzter kommt von »anmachen«, bedeutet also »Angemachter«. Doch auch in Bayern benutzt man es eigentlich nur für das Käserezept. Wenn Babs also von nervigen Annährungsversuchen irgendwelcher Männer erzählt, würde sie niemals sagen: »Der Typ hot mi obatzt.«

SÜSSKARTOFFELSUPPE

Zutaten für 4–6 Personen

1 kg Süßkartoffeln
500 ml Gemüsebrühe
1 Stück frischer Ingwer (etwa 3 cm)
1/2 TL Kreuzkümmel
500 ml Kokosmilch
frische Korianderblätter, nach Geschmack

- Die geschälten Süßkartoffeln in kleine Würfel schneiden und in kochendem Wasser etwa 5 Min. garen. Das Wasser abgießen.
- Süßkartoffeln in der Gemüsebrühe mit fein gehacktem Ingwer und Kreuzkümmel kurz aufkochen, von der Kochstelle nehmen und die Suppe mit dem Pürierstab zu einer glatten Masse verarbeiten.
- Kokosmilch dazugeben und unter ständigem Rühren erneut aufkochen.
- Suppe in die Teller füllen, mit frischen Korianderblättern garnieren und sofort servieren.

Babs' Tipps zum Verfeinern

Man kann die Suppe mit frischem Zitronengras verfeinern und wer's scharf mag, kann noch etwas fein gehackte frische rote Chilischote zugeben.

Babs' Getränketipp

Kullerpfirsich: Für 4 Personen benötigt man 4 Pfirsiche und 1 Flasche trockenen Sekt. Die Pfirsiche mit der Gabel rundherum einstechen. Die Einstichrichtung sollte immer die gleiche sein, damit sich der Pfirsich später auch bewegt. Je eine Frucht in ein größeres (Bowlen)glas legen und mit eiskaltem Sekt auffüllen. Der Pfirsich sollte sich nun anheben, mit Sekt vollsaugen und nach einer Weile anfangen zu »kullern«. Nach Leeren des Glases kann man den Sektpfirsich verzehren. Noch geselliger ist es, wenn die Gäste ihren Pfirsich selbst löchern und ihre Löchertaktik mit dem jeweiligen Kullererfolg vergleichen. Nicht nur im Sommer eine köstliche Erfrischung!

SEMMELKNÖDL MIT RAHMSCHWAMMERL

Zutaten für 4 Personen

- **Für die Knödl**

10 trockene Semmeln
375 ml lauwarme Milch
Salz
1 kleine Zwiebel
30 g Butter
1 Bund krause Petersilie
4 Eier
1 EL Mehl
evtl. Semmelbrösel

- **Für die Rahmschwammerl**

1 Zwiebel
30 g Butter
500 g Schwammerl
(z. B. Champignons,
Pfifferlinge, Steinpilze)
2 EL Mehl
etwas Gemüsebrühe
Salz, weißer Pfeffer
200 ml Sahne
2 EL krause Petersilie

- **Für die Knödl** die fein geschnittenen Semmeln mit der lauwarmen Milch übergießen, salzen und zugedeckt ziehen lassen.
- Geschälte Zwiebel fein hacken, in Butter glasig dünsten und mit der fein gehackten Petersilie den Semmeln beigeben. Eier und Mehl zufügen und mit der Hand zu einem geschmeidigen Teig kneten. 20 Min. ruhen lassen. Wenn die Masse noch klebt, mehr Semmelbrösel unterkneten.
- Mit feuchten Händen gleichmäßig große Knödel formen. In reichlich Salzwasser etwa 20 Min. knapp am Siedepunkt garen. Knödel mit einem Schaumlöffel herausnehmen.
- **Für die Rahmschwammerl** die fein geschnittene Zwiebel in Butter andünsten, die gehackten Schwammerl dazugeben und ebenfalls einige Min. dünsten. Mehl darüber stäuben und Gemüsebrühe zugießen. Mit Salz und Pfeffer würzen und 10 Min. bei niedriger Hitze köcheln lassen. Dann die Sahne unterrühren.
- Knödel mit den Rahmschwammerl auf vier Tellern anrichten, mit fein gehackter Petersilie bestreuen und sofort servieren.

OBATZTER MIT RADIESCHENSALAT

Zutaten für 4 Portionen

- **Für den Obatzten**
  1–2 reife Camemberts
  250 g Frischkäse
  1 Zwiebel
  Salz, schwarzer Pfeffer
  edelsüßes Paprikapulver, nach Geschmack

- **Für den Radieschensalat**
  1 großes Bund Radieschen
  3–4 EL neutrales Öl
  2–3 EL Weißweinessig
  1 EL gehackter Schnittlauch
  Salz, schwarzer Pfeffer

• **Für den Obatzten** den Camembert mit der Gabel zerdrücken, mit Frischkäse und der sehr fein gehackten Zwiebel vermischen. Mit Salz, Pfeffer und viel Paprikapulver würzen.

• **Für den Radieschensalat** die Radieschen in feine Scheiben schneiden und mit Weißweinessig, Öl und Schnittlauch anmachen. Mit Salz und Pfeffer würzen.

• Obatzten und Radieschensalat mit frischen Salzbrezn oder frischem Landbrot servieren.

Ari

Ari ist freier Künstler und malt grafisch reduzierte Bilder mit hintergründigem Humor. Wie seine Kunst, so ist auch Aris Lieblingsgericht aufs Wesentliche reduziert: Linguine mit Rucola. Vordergründig schlicht, aber mit raffiniert ausbalancierter Geschmacksnote.

Zum Leben braucht Ari nicht viel: ein warmes Bett, sein Atelier und natürlich die Elbe – dann ist er mit sich und der Welt zufrieden. Sonntags lässt er das Atelier schon mal Atelier sein und unternimmt lange Spaziergänge durch Sankt Pauli oder fährt in den Sachsenwald, um über neue Malprojekte nachzudenken. Während er durchs Unterholz streift, taucht er tief in die Geheimnisse des Daseins ein. Worüber er im Einzelnen nachdenkt, verrät er aber nicht.

Das Größte für den verkappten Romantiker wäre wohl, wenn er bei einem dieser Streifzüge an einem nebligen Tag einen röhrenden Hirsch erblickte. Der Nebel spielt dabei eine entscheidende Rolle, denn er erhält den Zweifel aufrecht: Was aussah wie ein Hirsch, war vielleicht doch nur ein Moped.

Wenn Ari dann am Abend nach Hause kommt, teilt er strahlend das Ergebnis seiner langen Wanderung mit: »Heute habe ich wieder mal etwas begriffen: Jeden Tag werden die Karten neu gemischt!«, oder: »Edler Einfall, stille Größe!« – und lässt sein Gegenüber mit solchen Sätzen verdutzt stehen.

Trotzdem ertappe mich immer wieder dabei, seine Sprüche in der einen oder anderen Situation unterzubringen. Das ist ja das Schöne an Sinnsprüchen: Sie passen irgendwie immer. Oder um es mit Aris Worten auszudrücken: Was nicht passt, wird passend gemacht.

Als ich noch mit Ari zusammen wohnte, war es ein unausgesprochenes Gesetz, dass man dem Mitbewohner zum Geburtstag einen Kuchen backte. Am Vorabend von Aris großem Tag kam ich erst spät in der Nacht nach Hause. Ich machte mich sofort ans Werk und mischte die Zutaten für einen israelischen Apfelkuchen zusammen. Müde schob ich endlich den Teig in den Ofen, stellte den Wecker und beschloss, mich aufs Bett zu legen und nur kurz die Augen zu schließen. Das Klingeln der Eieruhr würde mich ja wecken. Tat es aber nicht.

Wach wurde ich erst am nächsten Morgen vom Gezwitscher der Vögel und einem beißenden Geruch. Ich stürzte in die verräucherte Küche und zog ein schwarzes Etwas aus dem Ofen. Mein schöner Apfelkuchen hatte sich in den vergangenen acht Stunden in ein hartes Stück Kohle verwandelt, eingebrannt in den Boden der rußverschmierten Backform.

Doch Ari wäre nicht Ari, hätte er sich nicht trotzdem gefreut. Stolz hängte er den verkohlten Kuchen samt Kuchenform an einen Nagel über unserem Herd. Dort blieb er so lange hängen, bis Ari eines Tages ein Schreiben von einem Museum bekam. Sämtliche Künstler, die dort schon einmal ausgestellt hatten, wurden gebeten, zum Jubiläum einer ortsansässigen Knopffabrik ein rundes Kunstwerk zu erschaffen und für eine Ehrenaustellung bereitzustellen. Das war der Moment für den Kuchen! Ari schickte ihn kurzerhand zum Museum, wo er seither in der ständigen Ausstellung zu bewundern ist. So kam es, dass mein Apfelkuchen die hohen Weihen eines Kunstobjektes erhielt.

Wenn dieser Kuchen jedoch rechtzeitig nach der vorgegebenen Backzeit aus dem Ofen geholt wird, ist er fruchtig und weich und ein schmackhaftes Geburtstagsgeschenk.

Blanc Bleu
AMERICAN TEAM
68

LINGUINE MIT RUCOLA-TOMATEN

Zutaten für 4 Personen

2 Bund Rucola (etwa 200 g)
3 reife Tomaten
1–2 Knoblauchzehen
150 g Parmesan
Salz, schwarzer Pfeffer
4 EL Olivenöl
500 g Linguine

- Rucola waschen und in mundgerechte Stücke schneiden. Einige Blätter zum Dekorieren beiseite legen. Tomaten würfeln und den abgezogenen Knoblauch sehr fein hacken. Parmesan grob reiben.
- Rucola, Tomaten, Knoblauch und Parmesan gut miteinander vermischen und mit Salz und Pfeffer würzen. 10 Min. in einer Schüssel ruhen lassen, damit der Knoblauch sein Aroma entfalten kann.
- Linguine in reichlich Salzwasser al dente kochen. Die gut abgetropften Nudeln mit den Rucola-Tomaten vermengen. Olivenöl darüber geben und noch einmal gut vermengen.
- Auf die Teller verteilen, mit Parmesan und Rucola dekorieren und sofort servieren.

Aris Empfehlung

Das Gericht eignet sich besonders für heiße Sommertage und -nächte!

ISRAELISCHER APFELKUCHEN

Zutaten für 1 Springform (26 cm ø)

200 g Butter
200 g Zucker
2 Eier
400 g Mehl
1 Päckchen Backpulver
1 Becher Vollmilchjoghurt
(200–250 g)
4 säuerliche Äpfel (z. B. Boskop)
2 EL Zucker
2 TL Zimt

- Butter und Zucker schaumig rühren, dann die Eier unterschlagen. Das Mehl mit dem Backpulver vermengen und darunter geben. Schließlich den Joghurt unterrühren.
- Die geschälten Äpfel in Scheiben schneiden. Die Hälfte des Teiges in eine gefettete Backform geben und die Apfelscheiben darauf verteilen. 1 EL Zucker und 1 TL Zimt über die Äpfel streuen. Den Rest des Teiges darüber geben und mit dem verbliebenen Zimt und Zucker bestreuen.
- Im vorgeheizten Backofen bei 200 °C etwa 45 Min. backen. Abkühlen lassen und servieren.

Franke

Ein Leben ohne Theater ist für Frauke nicht vorstellbar. Die Kulturmanagerin weiß immer genau, was gerade auf den Bühnen gespielt wird, und schaut sich so viele zeitgenössische Stücke wie möglich an. Mit ihr an meiner Seite wage sogar ich mich in moderne Inszenierungen, um die ich sonst einen weiten Bogen machen würde – aus Scheu, mich zu blamieren, weil ich nichts verstehe. Aber mit Frauke macht es großen Spaß, denn sie verfügt über ein enormes Hintergrundwissen. Nach der Vorstellung sitzen wir dann bei einem Glas Wein in der Theaterkantine zusammen, und wild gestikulierend versucht Frauke, mir die Genialität der Inszenierung nahezubringen. Dabei fährt sie sich häufig durch die Haare, schaut mich eindringlich an und stürzt nebenbei den Rotwein den Rachen hinunter. Sie ist in diesen Momenten so lebendig und so bemüht, mich von ihrer Begeisterung für die Bühne zu überzeugen, dass ich allein schon deshalb immer wieder mit ihr ins Theater gehen würde.

Frauke lacht häufig und ihr Lachen ist sehr ansteckend. Ein gemeinsamer Urlaub auf La Palma hat so auf angenehme Weise meine Bauchmuskeln gestärkt. Schon während des Hinflugs hat mich Fraukes Lachen für kurze Zeit meine Flugangst vergessen lassen. Und das will was heißen.

Unser Domizil auf La Palma war ein Traum: ein Haus ganz für uns allein, eingebettet in sanfte Hügel im Süden der Insel. Eine große Terrasse mit Blick aufs blaue Meer, und hinter dem Haus ein kleiner Garten, in dem wir Avocados, Feigen, Limetten und Granatäpfel fürs Abendessen pflückten. Zwei sonnige Wochen verbrachten wir dort, bei angenehmen sechsundzwanzig Grad.

Wenn wir nicht gerade im Meer schwimmen waren oder im Schatten der Hauspalme eine ausgedehnte Siesta hielten, bemühten wir uns hauptsächlich um unser leibliches Wohl. Morgens saßen wir im Badeanzug mit einem Kaffee auf der Terrasse und überlegten, was wir abends essen könnten. Zusammen haben wir die Cucina palmera entdeckt, die vor allem durch Meersalz, Thymian, Knoblauch, die Mojos, also verschiedene Saucen, und natürlich Papas arrugadas, kleine, in viel Salz gekochte Runzelkartoffeln, geprägt ist. Alle paar Tage ging es mit Fraukes Reiserucksack auf den Markt in Los Llanos, der sich in einem flachen Gebäude mit weißgetünchten Mauern und einem Glasdach befand. Staunend schlenderten wir dort an Bergen von Obst und Gemüse, an Fisch- und Fleischständen und duftenden Gewürzauslagen vorbei und versuchten, bei unseren Bestellungen mit möglichst perfekten spanischen Sätzen zu glänzen.

Auf dem Rückweg war der Rucksack jedesmal prall gefüllt. Während ich leichten Schrittes voranging und von der einmaligen Lage unseres Hauses schwärmte, erklärte Frauke ächzend, einsam gelegene Häuser in den Bergen verlören zeitweise an Romantik, wenn man in der Mittagshitze mit einem schweren Rucksack auf dem Rücken einen staubigen Weg im 45-Grad-Winkel hinaufsteigen müsse. Bei Sonnenuntergang kräftigten wir unsere geschundenen Körper dann mit einer üppigen kanarischen Mahlzeit, etwa einem leckeren Fischtopf oder einem köstlichen Huhngericht, und viel palmerischem Rotwein. Danach hatten wir sogar die vielen Mücken und sehr penetrant an uns klebenden Fliegen liebgewonnen.

Nachts betrachteten wir gemeinsam den Sternenhimmel, und während ich begeistert über das Wunder der Welt und der ihr innewohnenden Göttlichkeit schwadronierte, versuchte Frauke mir beharrlich die Entstehungsgeschichte der Erde anhand der Urknalltheorie nahezubringen.

Auch der schönste Urlaub ist irgendwann zu Ende, und das war in diesem Fall wohl auch gut so, denn wären wir noch länger geblieben, hätten wir uns wohl nur noch den Hügel hinunterrollen können, es aber im Leben nicht mehr geschafft, hinauf zu kommen.

mojo.

KANARISCHER FISCHTOPF MIT RUNZELKARTOFFELN

Zutaten für 4–6 Personen

- **Für den Fischtopf**

1,5 kg Fischfilets
(z. B. Zackenbarsch)
grobes Meersalz
Olivenöl
2 große Zwiebeln
4 Tomaten
3 Knoblauchzehen
1 Bund glatte Petersilie
1 TL frischer Thymian
4 Lorbeerblätter
geriebene Muskatnuss
1 unbehandelte Zitrone
150 ml trockener Weißwein

- **Für die Runzelkartoffeln**

1,5 kg kleine geschmackvolle
Kartoffeln (z. B. Heidekartoffeln)
reichlich grobes Meersalz
(siehe Fraukes Trick)

- **Für den Fischtopf** die Filets mehrmals einschneiden (ohne sie zu zerteilen) und salzen.
- Einen Schmortopf mit Olivenöl auspinseln. Die geschälten Zwiebeln in dicke Scheiben schneiden und den Schmortopf damit auslegen.
- Tomaten mit kochendem Wasser überbrühen, häuten und entkernen. Dann ebenfalls in Scheiben schneiden und auf die Zwiebelscheiben schichten.
- Den abgezogenen Knoblauch und die gewaschene Petersilie fein hacken und gut miteinander vermengen. Die Fischfilets damit einreiben und die Einschnitte füllen.
- Fisch auf das Gemüse im Topf geben. Mit Thymian, den Lorbeerblättern und geriebener Muskatnuss bestreuen.
- Zitrone waschen, in Scheiben schneiden und den Fisch damit belegen. Zuletzt einen Schuss Olivenöl und den Wein darüber gießen und zugedeckt im vorgeheizten Backofen bei 180 °C 20–25 Min. garen.
- **Für die Runzelkartoffeln** die ungeschälten Kartoffeln gründlich waschen und in einen Kochtopf geben. Mit Wasser auffüllen, bis die Kartoffeln ganz davon bedeckt sind. Anschließend das Salz zugeben und die Kartoffeln gar kochen.
- Wasser abgießen und die Kartoffeln noch einmal kurz auf die heiße Herdplatte stellen, bis die Schale der Kartoffeln trocknet und runzlig wird und sich eine Salzkruste bildet. Zwischendurch den Topf ab und zu ein wenig rütteln, damit die Kartoffeln nicht am Boden ansetzen.
- Fischtopf mit Runzelkartoffeln und Mojos (siehe Seite 121) servieren.

Fraukes Trick

Um den richtigen Salzgehalt des Wassers zu ermitteln, löst man so viel Meersalz im Wasser auf, bis eine Kartoffel darin nicht mehr auf den Boden sinkt.

HUHN À LA CASA CATHARINA

Zutaten für 4 Personen

600 g Hähnchenbrust
etwas Mehl
200 ml Olivenöl
2 Zwiebeln
1/2 Knoblauchknolle
1 gelbe Paprikaschote
2 Tomaten
1/2 Bund glatte Petersilie
1 Msp. Kreuzkümmel
grobes Meersalz, Pfeffer
1 Lorbeerblatt
1 TL frischer Thymian
200 ml trockener Weißwein
200 ml Wasser

- Hähnchenfleisch abspülen, trocken tupfen und in Stücke schneiden. Die Stücke in Mehl wenden und in einer Pfanne mit etwas Olivenöl leicht anbraten. Dann das Fleisch in einen Schmortopf geben.
- Die geschälten Zwiebeln und den abgezogenen Knoblauch fein hacken. Paprika, Tomaten und Petersilie waschen und klein schneiden.
- Gemüse in Olivenöl anbraten und dann zum Fleisch dazugeben. Gewürze, Kräuter, Wein, Wasser und das restliche Olivenöl unterrühren. Bei niedriger Hitze etwa 20 Min. schmoren lassen.
- Mit Salz und Pfeffer abschmecken und mit Runzelkartoffeln (siehe Seite 118) und Mojos servieren.

Fraukes Lieblingsmojos

Mojo verde de pimienta (grüner Mojo): 1/2 Knoblauchknolle abziehen und in einem Mörser gut zerstoßen. 1 Bund Koriander waschen, fein hacken und mit 1/2 TL grobem Meersalz in den Mörser geben, alles weiter zerstoßen. 3 frische grüne Chilischoten (kann man auch weglassen, wenn man es nicht so scharf mag) entkernen, fein hacken, dazugeben und noch einmal gründlich zerstoßen. Nach und nach 250 ml Olivenöl, 1 Schuss weißen Essig und etwas Kreuzkümmel zugeben und alles gut verrühren. Wer keinen ausreichend großen Mörser besitzt, kann die Zutaten für die Mojos natürlich auch in der Küchenmaschine pürieren.

Mojo picante (roter Mojo): 1/2 Knoblauchknolle abziehen und in einem Mörser gut zerstoßen, 6 frische rote Chilischoten entkernen, fein hacken und 1/2 EL grobes Meersalz zugeben, alles weiter gründlich im Mörser bearbeiten. 250 ml Olivenöl, 1 Schuss weißen Essig, 1 TL Paprikapulver und 1/2 TL Kreuzkümmel zugeben und alles gut verrühren.

Fraukes Tipp zur Aufbewahrung

Selbstgemachte Mojos bewahrt man am besten in einem Schraubdeckelglas im Kühlschrank auf, so halten sie sich etwa einen Monat.

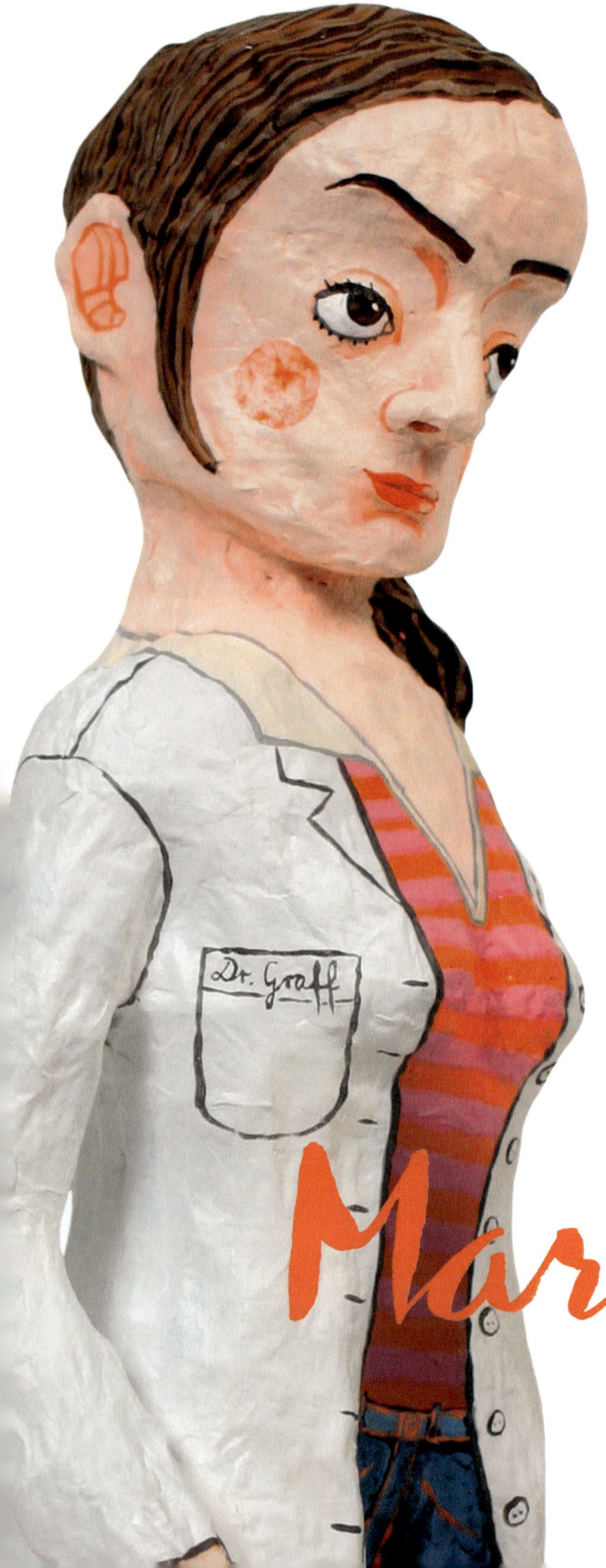

Mareike

Mareike ist meine älteste Schwester. Für mich als Kind war sie einfach die Coolste, Schönste und Schlaueste. Allein, dass sie sich traute, spät abends noch in die Küche zu schleichen und für uns drei verbotenerweise Sternchennudeln mit Ketchup zu machen, hat mich schwer beeindruckt.

Als Mareike sich die ersten Pop-Platten kaufte (ich glaube, die allererste war »99 Luftballons« von Nena, oder doch die von der Spider Murphy Gang?), war ich noch dabei, mit meiner besten Grundschulfreundin wilde Tänze zu Udo Jürgens »Griechischem Wein« aufzuführen. Doch das hat sich dann schnell geändert. Mareikes Musik sollte auch der Soundtrack zu meinem Leben sein. Und weil ich auch sonst gierig alles aufsog, was meine große Schwester so von sich gab, gehörten Woodstock und Flowerpower schon früh zu meinem Sprachgebrauch, ohne dass ich eigentlich etwas damit anzufangen wusste.

Später ging Mareike zum Studium nach Berlin und erzählte begeistert von Punk und Antifa. Ich vermisste sie schrecklich, und bei meinen Besuchen in Kreuzberg schaute ich, auf der Suche nach Gemeinsamkeiten, verstohlen ihre Plattensammlung durch.

Mit Kochen hatte Mareike damals nicht viel am Hut, schließlich gab es weit Wichtigeres zu tun, als stundenlang in der Küche zu stehen. Auf dem Weg zu einer Demo oder einem Badetag an einem der vielen Seen im Berliner Umland gab es deshalb meist einen Döner auf die Hand. Dazu noch ein kühles Bier, und Mareikes Tag war nahezu perfekt. Mareike musste immer lachen, wenn ich auf die Frage des Dönerladenbesitzers, welche Sauce ich denn zur Fleischtasche gerne hätte, jedesmal die Gegenfrage stellte, welche Auswahl es denn gebe. Kräuter, Knoblauch oder scharf, ist doch klar!

Mareike ist aus der Hauptstadt nicht mehr wegzudenken. Sie lebt nun schon seit fünfzehn Jahren dort, arbeitet als Chirurgin, ist verheiratet und hat zwei Kinder, Mili und Toni, deren Teddybären Kansas und Missouri heißen. Mittlerweile wohnen wir wieder in derselben Stadt, und zusammen mit Mareikes Kindern tanzen wir wilde Tänze zu Shakira, Gwen Stefani oder irgendeinem anderen Popsternchen, das gerade bei Mili und Toni hoch im Kurs steht. Und natürlich haben sich im Laufe der Jahre auch Mareikes Essgewohnheiten geändert – sie hat das Kochen für sich entdeckt. In ihrer knapp bemessenen Freizeit entspannt sie sich gern beim Ausprobieren neuer Rezepte. Die dürfen ruhig auch etwas aufwendiger sein, denn je länger die Zubereitung dauert, desto größer die Vorfreude auf zu erwartende Gaumenfreuden. Neue Anregungen nimmt sie wirklich von überall mit. Das Rezept zu ihrem Lamm mit Couscous zum Beispiel, eines ihrer Lieblingsgerichte, stammt aus einem Werbeprospekt einer Berliner Supermarktkette.

Bei Mili und Toni ist Virtuosität beim Kochen allerdings nicht unbedingt gefragt; die kategorisieren die Gerichte nach Kinder- und Erwachsenenessen. Erwachsenenessen ist entweder scharf oder sauer und besteht aus unglaublich vielen Zutaten mit Namen, die sie gar nicht erst lernen wollen. Kinderessen ist dagegen meistens süß; wenn es jedoch herzhaft ist, sollte es möglichst aus maximal zwei Zutaten bestehen: etwa Nudeln mit Ketchup, Kartoffeln mit Butter oder Reis mit Erbsen. Gut, dass auch Mareike ein Faible für Süßspeisen hat: Den Grießkuchen mit Himbeeren isst sie ebenso gern wie ihre Kinder.

Dr. Graff

LAMM MIT COUSCOUS

Zutaten für 5 Personen

- **Für das Fleisch**

5 Gewürznelken
5 Kardamomkapseln
evtl. einige Pimentkörner
1 Msp. Zimt
1/4 TL geriebene Muskatnuss
3 EL Olivenöl
1 kg Lammfleisch
1 Zwiebel
2 Knoblauchzehen
Salz, schwarzer Pfeffer
ein paar Safranfäden
3 EL Honig
200 g Rosinen

- **Für den Couscous**

500 g Couscous
Salz
600 ml Wasser
1 EL Butter

• **Für das Fleisch** die Gewürznelken, Kardamomkapseln und Pimentkörner im Mörser zerkleinern, Zimt und geriebene Muskatnuss untermischen und mit Olivenöl in einem Bräter 2 Min. dünsten.

• Das gewürfelte Fleisch dazugeben und kräftig anbraten. Die geschälte Zwiebel und den abgezogenen Knoblauch fein hacken, zum Fleisch geben und 750 ml Wasser darüber gießen. Mit Salz und Pfeffer würzen und 15 Min. schmoren lassen.

• Safran, Honig und heiß abgespülte Rosinen unterrühren und den Bräter zudecken.

• Im vorgeheizten Backofen bei 175 °C mind. 1 Std. garen, bei Bedarf Wasser nachfüllen.

• **Für den Couscous** das Salzwasser zum Kochen bringen, den Couscous damit übergießen und 5 Min. quellen lassen. Die Butter darauf schmelzen lassen und dann den Couscous mit einer Gabel auflockern.

• Das Lamm mit dem Couscous gleich servieren.

GRIESSKUCHEN MIT HIMBEEREN

Zutaten für 1 Springform (26 cm ø)

500 ml Milch
1 Päckchen Vanillezucker
125 g Hartweizengrieß
500 g Himbeeren
4 Eier
125 g Zucker
100 g Butter
1 TL abgeriebene Zitronenschale (unbehandelt)
100 g gemahlene Mandeln
etwas Butter und Grieß für die Form

- Milch mit Vanillezucker aufkochen, Grieß einrühren, von der Herdplatte nehmen und 5 Min. quellen lassen.
- Beeren waschen und putzen. Eier trennen, Eiweiß mit 2 EL Zucker steif schlagen. Die weiche Butter mit den Eigelb und dem restlichen Zucker schaumig schlagen. Den warmen Grießbrei, abgeriebene Zitronenschale und Mandeln dazugeben und alles gut verrühren.
- Eischnee und Beeren vorsichtig unterheben und die Masse in die gefettete, mit Grieß ausgestreute Springform füllen. Im vorgeheizten Backofen bei 180 °C etwa 45 Min. backen. Abkühlen lassen und servieren.

Mareikes Lieblingsvariation

Statt mit Himbeeren schmeckt der Grießkuchen auch mit Brombeeren.

Tim

Ein Treffen mit Tim ist immer sehr unterhaltsam, denn Tim ist ein Energiebündel ohnegleichen! Er redet und denkt und lacht und gestikuliert – alles zur gleichen Zeit –, und jede Bemerkung kontert er so prompt und geistreich, dass ich oft Mühe habe, ihm zu folgen. Manchmal ist das anstrengend, aber wenn ich ausgeschlafen bin, ist so ein Treffen ein richtiges Ereignis!

Genau genommen ist Tim eine Partybekanntschaft. Mittlerweile kennen wir uns schon fast zehn Jahre, und ich erinnere mich nicht mehr, auf welcher Party wir uns das erste Mal getroffen haben. Doch ich weiß noch sehr genau, dass wir – kaum waren wir einander vorgestellt worden – sofort drauflos quatschten. Tim blieb mein einziger Gesprächspartner in dieser Nacht, und die Nacht war lang! Und als wir entdeckten, dass wir nur zwei Straßen voneinander entfernt wohnten, haben wir uns gleich für den nächsten Tag verabredet. Entgegen dem landläufigen Klischee ist aus Tim und mir kein Liebespaar geworden. Im Gegenteil, wir sind der beste Beweis dafür, dass sich aus Partybekanntschaften durchaus innige Freundschaften entwickeln können.

Tim ist selbstbewusst und sehr unternehmungslustig. Man kann wunderbar mit ihm um die Häuser ziehen und merkt dabei gar nicht, wie die Zeit vergeht. Und wenn man dann irgendwann erschöpft auf die gepolsterte Bank in einem Café niedersinkt, schmiedet Tim bereits die nächsten Pläne. Ich habe mich oft gefragt, aus welchen geheimen Ressourcen er seine schier unerschöpfliche Energie nimmt. Eine dieser Ressourcen durfte ich kürzlich kennenlernen, als Tim mich in Berlin besuchte. Natürlich wollte er sich gleich ins Berliner Nachtleben stürzen. Ich allerdings fing, wie so oft, gegen Mitternacht an zu schwächeln – ganz im Gegensatz zu Tim, der nach dem ersten Glas Weißwein gerade richtig in Fahrt kam. Ich suchte nach Ausreden, weshalb wir besser gar nicht erst losgehen sollten. Tim schaute mich belustigt an, schnappte sich die angebrochene Flasche

Weißwein und einige Avocados, die ich im Dutzend billiger beim Türken erstanden hatte, und innerhalb weniger Minuten stand ein Topf dampfender Avocadosuppe vor mir auf dem Tisch. Und diese Suppe war in der Tat ein mitternächtlicher Lebenswecker! Abgeschmeckt mit Zitrone und Wein, war sie so erfrischend, dass sogar ich mich wieder fit fühlte. Berlin konnte kommen ...

So schnell wie Tim denkt und redet, so fix ist er auch beim Kochen. Das hängt wohl damit zusammen, dass er damit erst beginnt, wenn er vor Hunger kaum noch stehen kann. Seine Gerichte sind deshalb aber nicht weniger lecker, wie die blitzschnelle Avocadosuppe beweist. Ein weiteres Rezept dieser Kategorie sind seine Nudeln mit Pesto, Kartoffeln und Bohnen: lecker, nahrhaft und wenig aufwendig, wobei Tim sogar das Pesto im Handumdrehen selbst zubereitet.

Tim hat aber auch eine geduldige, ruhige Seite. Die kann man kennenlernen, wenn man ihm einmal bei seiner Arbeit als Tischler zusieht. Da entpuppt er sich als wahrer Perfektionist, feilt hochkonzentriert und mit Engelsgeduld an seinen Möbelentwürfen und gibt sich erst zufrieden, wenn das Ergebnis seinen Vorstellungen genau entspricht. Tims handwerkliches Geschick ist mir schon oft zugute gekommen. Ohne ihn wäre meine Spüle wahrscheinlich bis heute nicht angeschlossen.

BAR
RESTAURANT
CLUB
BAR
ALERIE
KONZERT
PARTY

AVOCADOSUPPE

Zutaten für 4 Personen

500 ml Hühner- oder Gemüsebrühe
4 reife Avocados
250 ml Sahne
1 Becher Vollmilchjoghurt (200 g)
200 ml trockener Weißwein
2 TL Zitronensaft
Salz, weißer Pfeffer

- Brühe erhitzen und die geschälten und entkernten Avocados klein schneiden. Einige Scheiben für die Garnitur beiseite legen. Avocado in die heiße Brühe geben und pürieren.
- Sahne, Joghurt, Weißwein und Zitronensaft dazugeben, gut verrühren und mit Salz und Pfeffer würzen.
- Die fertige Suppe mit Avocadoscheiben garnieren und sofort servieren.

Tims Empfehlung

Diese Suppe kann man als Vorspeise servieren, sie ist aber auch ein wirksamer mitternächtlicher Lebenswecker.

PASTA MIT GRÜNEM PESTO, BOHNEN UND KARTOFFELN

Zutaten für 4–6 Personen

- **Für die Pasta**

  300 g grüne Bohnen

  6–8 Kartoffeln

  Salz

  500 g Pasta

- **Für das Pesto**

  1 Handvoll Pinienkerne

  5 Bund Basilikum (5 Töpfe)

  120 ml Olivenöl

  2 Handvoll geriebener Parmesan

  Salz

- **Für das Pesto** die Pinienkerne (ein paar sollte man für die Garnitur aufbewahren) in einer Pfanne ohne Öl goldbraun anrösten, bis sie duften.
- Pinienkerne, Basilikum, Olivenöl, geriebenen Parmesan (davon ebenfalls ein wenig zum Garnieren aufbewahren) und Salz in die Küchenmaschine geben und pürieren.
- **Für die Pasta** die geputzen grünen Bohnen halbieren, die geschälten Kartoffeln in Würfel schneiden und beides in einem großen Topf mit kochendem Salzwasser 15–20 Min. garen.
- Pasta in reichlich Salzwasser al dente kochen, abgießen und mit 6–8 EL Pesto vermengen. Bohnen und Kartoffeln dazugeben.
- Geröstete Pinienkerne und geriebenen Parmesan darüber streuen und sofort servieren.

Tims Tipp zur Aufbewahrung

Das selbstgemachte Pesto hält sich im Kühlschrank mehrere Wochen, man muss nur darauf achten, dass es immer mit Olivenöl bedeckt ist.

Sarah

Sarah ist Theaterschauspielerin und Sängerin und außerdem eine echte Sportskanone. Sie hat Freude an Bewegung und kann ihren Körper in die merkwürdigsten Richtungen verbiegen. Sicher hätte sie auch eine Karriere als Leichtathletin oder Tänzerin machen können, aber die Liebe zum gesprochenen Wort und die Lust, in andere Rollen zu schlüpfen, haben sie auf die Bühnenbretter getrieben.

Wenn Sarah schauspielert, tut sie das mit vollem Körpereinsatz. Sie ist dann plötzlich eine völlig andere Person als die Alltags-Sarah, die in ihrer Lieblingsjeans mit einem Becher Ingwertee in der Hand auf der Couch entspannt. Und wenn diese hochgewachsene, biegsame Frau mit der karamelfarbenen Haut sich auf der Bühne die Seele aus dem Leib singt, läuft mir jedesmal eine Gänsehaut über den Rücken.

Erfolgreiche Premieren können bei ihr einen wahren Glückstaumel auslösen. Misslungene Vorstellungen lassen sie aber genauso stark an sich und ihrem Schauspieltalent zweifeln. Kein Wunder, denn als Schauspielerin gibt sie auf der Bühne wahrlich viel von sich preis. Manchmal sei das, so hat sie es einmal selbst beschrieben, »wie nackig durch die Fußgängerzone zu laufen«.

Wenn auf der Bühne trotz aller Anstrengung alles schief läuft, verkriecht sich Sarah nach der Vorstellung in ihre Hängematte, stöpselt das Telefon aus und lässt sich von ihrem Freund mit einem dicken fetten Blaubeerpfannkuchen verwöhnen – ihre Leib- und Magenspeise. Schon als Kind konnte sie nicht genug davon bekommen, und heute hat das Gericht für sie etwas Beruhigendes, es wirkt wie ein Versprechen, dass alles wieder gut wird. Bei ihrer kleinen Tochter Adela löst sie damit Begeisterung aus, vor allem weil Blaubeeren die Zunge so schön dunkel färben.

Kulinarisch ist Sarah durchaus eine Genießerin, aber als ernährungsbewusster, berufstätiger Mutter ist ihr vor allem eines wichtig: dass alles, was sie zu sich nimmt, vollwertig ist und aus kontrolliert biologischem

Anbau stammt. Statt Currywurst mit Pommes, die sie früher genüsslich verzehrte, isst sie mittlerweile lieber ebenso schlichte, aber weit gesündere Gerichte wie Biopellkartoffeln mit Quark – am liebsten mit kleingeschnittenen Kräutern vom eigenen Balkon. Für ihre Pfannkuchen benutzt sie braunen statt weißen Zucker, und natürlich stammen die Eier von rundum glücklichen, ausgeglichenen und durchtrainierten Hühnern!
So ein Leben als Schauspielerin ist aufregend, aber auch anstrengend. Ein gesunder Körper und eine kräftige Stimme sind in diesem Beruf unerlässlich. Und Sarah versucht, beides so umsichtig wie möglich zu behandeln. Salbeibonbons und Ingwertee für die Stimme, gesunde Ernährung und ausreichend Schlaf für den Körper sind ihr oberstes Prinzip – auch wenn ihre kleine Tochter Adela ganz eigene Vorstellungen von ausreichend Schlaf hat.
Immer bemüht um seelisches Gleichgewicht, widmet sich Sarah mit viel Elan dem Kundalini-Yoga. Auch Meditation hilft ihr in stressigen Zeiten, den Alltag für einen Moment zu vergessen.
Wenn Sarah Gäste zum Essen einlädt, kocht sie auch mal nach etwas raffinierteren Rezepten. Schließlich soll der Besuch sich liebevoll bewirtet fühlen. Dann macht sie zum Beispiel gebratenen Lachs mit Frühlingsgemüse. Das Gericht ist leicht und lecker – und außerdem reich an Vitaminen, Eiweiß und ungesättigten Fettsäuren. Sarahs Kochkünste sind der beste Beweis dafür, dass gesundes Essen sehr lecker schmecken kann!

BLAUBEERPFANNKUCHEN

Zutaten für 4 Personen

3 Eier
1 ordentliche Prise Salz
3 EL Zucker
1/2 Päckchen Vanillezucker
2 Tassen Milch
250 g Mehl
etwas Mineralwasser
250 g Blaubeeren
neutrales Öl

• Eier verquirlen, Salz, Zucker, Vanillezucker und Milch unterrühren und nach und nach unter Rühren das Mehl zugeben, bis ein glatter Teig entsteht.
• Einen Schuss Mineralwasser (unbedingt mit Kohlensäure) unterrühren (davon wird der Teig schön locker) und die Blaubeeren unterheben.
• In eine Pfanne so viel Öl geben, dass der Boden knapp bedeckt ist, und erhitzen.
• Etwa 1/2 Schöpfkelle Pfannkuchenteig in das heiße Öl geben, verstreichen und den Pfannkuchen von beiden Seiten goldgelb braten. Mit Zimt und Zucker servieren.

Sarahs Trick

Die Pfannkuchen werden noch lockerer, wenn man bei der Zubereitung des Teiges die Eier trennt, das Eiweiß steif schlägt und den Eischnee am Schluss unter den Teig hebt.

Sarahs Lieblingsvariation

Kirschpfannkuchen: Einfach statt der Blaubeeren gut abgetropfte Kirschen aus dem Glas in den Teig rühren. Schmeckt ebenfalls sehr lecker!

GEBRATENER LACHS MIT FRÜHLINGSGEMÜSE

Zutaten für 4 Personen

- **Für den Fisch**

4 Lachssteaks (à 200 g)
Olivenöl
Salz, schwarzer Pfeffer
1 Bund Minze
1 Bund Basilikum (1 Topf)
4 Fenchelknollen
850 ml Gemüsebrühe
200 g grüne Bohnen
200 g Erbsen

- **Für die Aioli**

5 Knoblauchzehen
grobes Meersalz
2 Eigelb
1 TL Dijonsenf
300 ml Olivenöl
1 TL Zitronensaft
Minze, nach Geschmack
frisches Basilikum, nach Geschmack

• **Für die Aioli** die abgezogenen und fein gehackten Knoblauchzehen und das Meersalz in einem Mörser zerstoßen. Eigelb mit Senf in einer Schale verrühren. Tröpfchenweise das Olivenöl und schließlich den Zitronensaft zugeben und weiterrühren, bis eine cremige Mischung entsteht. Die Knoblauch-Salz-Mischung dazugeben und mit fein gehackten Minze- und Basilikumblättern abschmecken.

• **Für den Fisch** die Lachssteaks unter kaltem Wasser abspülen, trocken tupfen und dünn mit Olivenöl einreiben. Den Fisch mehrfach einschneiden, salzen, pfeffern und einen Teil der in Streifen geschnittenen Minze und des Basilikums in die Einschnitte geben.

• Lachssteaks in einer großen, beschichteten Pfanne etwa 4–5 Min. braten, bis sie auf der Unterseite schön knusprig ist. Den Fisch wenden und noch einmal 3–4 Min. braten. Ganz wichtig: Innen muss der Fisch noch glasig rosa sein!

• Die halbierten Fenchelknollen etwa 4 Min. in einem großen Topf mit Gemüsebrühe garen. Dann die Bohnen hinzufügen und 2 Min. mit garen. Nun die Erbsen in den Topf geben und das Gemüse weitere 2 Min. köcheln lassen.

• Gemüse auf vier Teller verteilen. Mit Minze und Basilikum bestreuen und mit ein wenig heißer Brühe übergießen. Die Lachssteaks auf dem Gemüse anrichten und mit einem großen Löffel Aioli überziehen.

Julia

Julia müsste eigentlich Giulietta heißen und sollte auch nicht in Hamburg, sondern in Rom leben, denn im Herzen ist sie eine Italienerin. Beim Geräusch einer vorbeifahrenden Vespa versinkt sie sofort in Tagträume und schwelgt in Sehnsucht nach Italien, und es vergeht kein Jahr, in dem sie nicht mindestens einmal dorthin fährt. Für sie ist InterMailand der beste Fußballclub, italienischer Espresso der einzig wahre Kaffee, ganz zu schweigen von der italienischen Küche, die ihrer Meinung nach ohnehin über alle anderen erhaben ist.

Ihrem Beruf als Kostümdesignerin macht Julia auch im privaten Alltag alle Ehre. Tausendfach kombiniert sie Muster und Farben ihrer Kleidung und sieht einfach toll damit aus. Und zu Julia gehört auch immer eine Blume; entweder sie trägt eine im Haar, in gestickter Form auf ihrer Kleidung oder als Kette um den Hals.

Julia lebt wohl das, was man ein geordnetes Chaos nennt. Auf ihrem Küchentisch findet sich unter herumliegenden Designzeitschriften immer irgendwo ein buntes Haargummi, hinter einem großen Strauß Blumen (am liebsten mag sie Flieder oder bunte Tulpen) stehen versteckt ein paar verschnörkelte Kerzenleuchter, die auch als Ketten- und Armbandhalter dienen. Begegnet man ihr auf der Straße, ist sie stets mit mindestens zwei Taschen und einem Rucksack bepackt. Darin findet sich alles, was man so braucht, um für alle Eventualitäten gewappnet zu sein: ein roter Pullover und eine pinke Mütze, falls es kälter werden sollte, Portemonnaie, Handy und Autoschlüssel, aber auch der Pinocchiotalisman, Pesto vom Bioladen und mehrere Zettel mit To-do-Listen für den Tag. Und erstaunlicherweise findet sie in den Tiefen ihrer Umhängetaschen immer sofort das, was sie sucht. Diese geheime Ordnung im Chaos wird mir wohl auf ewig ein Rätsel bleiben.

Wenn Julia kocht, gibt es häufig – wie könnte es anders sein – ein köstliches italienisches Gericht. Obendrein ist ihr Freund ein italienischer

Koch. Oft stehen die beiden gemeinsam am Herd und probieren neue Rezepte aus, wie kürzlich die Auberginenpäckchen, eine äußerst schmackhafte Vorspeise. Zum Essen werden dann schnell die Zeitschriften vom Tisch gefegt, die Blumenvase an den Rand des Tisches geschoben und die grünen Kerzen angezündet. Und schon reicht der Platz auf der karierten Tischdecke für zwei Teller und zwei Weingläser.
Julia hat eine ausgesprochene Vorliebe für Knoblauch, den sie nie klein hackt, sondern immer in ganzen Zehen den Gerichten beifügt. Beim Essen schiebt sie die Knoblauchzehen zunächst an den Tellerrand, um sie ganz zum Schluss, sozusagen als kulinarischen Höhepunkt, genussvoll zu verzehren.
Da Julia zur Zeit als Kostümassistentin am Theater arbeitet, kommt sie häufig erst spät abends nach der Vorstellung mit knurrendem Magen nach Hause. Dann macht sie sich am liebsten eine große Portion Penne alla puttanesca, die einfach köstlich schmecken. Das Salzige der Sardellen in Kombination mit der Schärfe der Chilis und dem sauren Geschmack der Kapern ist für sie das höchste aller geschmacklichen Gefühle. Außerdem ist es relativ leicht zuzubereiten und weckt auch um Mitternacht noch die Lebensgeister. Natürlich schmecken die Penne für sie erst richtig lecker, wenn ein paar Knoblauchzehen in der Sauce mitgeköchelt werden. Und Julia kennt auch die Seelentrösterqualitäten ihrer Kochkünste. Mit ihrem italienischen Kartoffelsalat hat sie mir als guter Freundin schon über manchen Liebeskummer hinweggeholfen.

GEGRILLTE AUBERGINENPÄCKCHEN

Zutaten für 4 Personen

- **Für die Päckchen**

  2 große Auberginen

  250 g Mozzarella (2 Päckchen)

  3 Eiertomaten

  Salz, schwarzer Pfeffer

  1 Bund Basilikum (1 Topf)

  2–3 EL Pinienkerne

  2–3 EL Olivenöl

- **Für die Sauce**

  1 EL roter Balsamico

  1 EL Tomatenmark

  1 EL Zitronensaft

  5 EL Olivenöl

  Salz, schwarzer Pfeffer

- **Für die Sauce** den Balsamico, Tomatenmark und Zitronensaft und Olivenöl gut verrühren und mit Salz und Pfeffer würzen.
- **Für die Päckchen** die Stiele der Auberginen abtrennen und das Gemüse längs in möglichst dünne Scheiben schneiden (es sollten etwa 16 Scheiben von rund 5 mm Dicke entstehen, die Randscheiben werden nicht verwendet).
- Auberginenscheiben in Salzwasser etwa 2 Min. kochen, bis sie fast gar sind. Abtropfen lassen und mit Küchenpapier trocken tupfen.
- Mozzarella und Tomaten in Scheiben schneiden.
- Jeweils zwei Auberginenscheiben über Kreuz auf ein Küchenbrett legen. Eine Tomatenscheibe in die Mitte des Auberginenkreuzes legen, salzen und pfeffern und ein Basilikumblatt darauf legen. Die nächste Schicht bildet eine Scheibe Mozzarella, darauf liegt wieder ein Basilikumblatt und zuoberst eine Tomatenscheibe, die man wieder salzt und pfeffert.
- Die Enden der Auberginenscheiben über die Füllung klappen und zu einem »akkuraten« Päckchen formen.
- Die übrigen Zutaten ebenso verarbeiten, sodass insgesamt 8 Päckchen entstehen. Die Päckchen 20 Min. kaltstellen.
- Pinienkerne in einer Pfanne ohne Öl goldbraun anrösten, bis sie duften.
- In einer Grillpfanne Olivenöl erhitzen und die Päckchen von jeder Seite 3–5 Min. grillen, bis sie goldgelb sind.
- Sauce über die Päckchen gießen, mit Basilikum und Pinienkernen dekorieren und servieren.

PENNE ALLA PUTTANESCA

Zutaten für 4 Personen

1 große Zwiebel
2–3 Knoblauchzehen
3 kleine getrocknete Chilischoten
5 EL Olivenöl
2 Sardellenfilets
500 g Flaschentomaten
(eine große Dose)
100 g schwarze Oliven
50 g Kapernäpfel (1 Handvoll)
Salz, schwarzer Pfeffer
1 TL Butter
500 g Penne
glatte Petersilie, nach Geschmack
Parmesan, nach Geschmack

- Die fein gehackte Zwiebel, die abgezogenen ganzen Knoblauchzehen und die fein geschnittenen Chilischoten in einem großen Topf mit Olivenöl bei niedriger Hitze etwa 5 Min. dünsten, bis die Zwiebeln glasig sind.
- Die klein geschnittenen Sardellenfilets, Tomaten, entkernte Oliven und Kapernäpfel zugeben und kurz aufkochen lassen.
- Hitze reduzieren, mit Salz und Pfeffer würzen, Butter unterrühren und 15 Min. köcheln lassen.
- Penne in reichlich Salzwasser al dente kochen. Nudeln abgießen und mit der eingekochten Sauce vermengen.
- Fein gehackte Petersilie und geriebenen Parmesan über die Pasta geben und sofort servieren.

Julias Einkaufsempfehlung

Am besten schmecken die kleinen runden Tomaten aus der Dose, die es in italienischen Feinkostläden gibt.

ITALIENISCHER KARTOFFELSALAT

Zutaten für 4–6 Personen

- **Für den Salat**

  800 g festkochende Kartoffeln
  300 g grüne Bohnen
  150 g getrocknete Tomaten
  (in Öl eingelegt)
  1 Handvoll Kapernäpfel
  1 kleines Bund Basilikum
  100 g schwarze Oliven

- **Für die Sauce**

  4–5 EL weißer Balsamico
  5–6 EL Olivenöl
  Salz, schwarzer Pfeffer

- **Für die Sauce** den Balsamico, Olivenöl, Salz und Pfeffer in einer großen Schüssel verrühren.
- **Für den Salat** die ungeschälten Kartoffeln kochen, abkühlen lassen, pellen und in mundgerechte Stücke schneiden.
- Die gewaschenen und geputzten Bohnen in der Mitte durchbrechen und in Salzwasser 10–15 Min. kochen. Tomaten der Länge nach in schmale Streifen schneiden. Kapernäpfel halbieren. Basilikumblätter von den Stengeln zupfen und in feine Streifen schneiden.
- Kartoffeln, Bohnen, Tomaten, Kapern, Oliven und Basilikum zu der Sauce in die große Schüssel geben und alles gut vermengen.
- Mind. 1 Std. durchziehen lassen, mit Salz und Pfeffer abschmecken und servieren.

Gregor

Gregor kennt Gott und die Welt, und Gott und die Welt kennt Gregor. Es ist leicht, ihn zu mögen. Sein breites Grinsen, bei dem der rechte, schiefe Schneidezahn hervorlugt, gibt ihm etwas Spitzbübisches. Gregor erzählt gern, ist unkompliziert und für jeden Unsinn zu haben. Vielleicht ist er deshalb auch Trickfilmer geworden. An der Kunsthochschule war er einer der wenigen Männer, und sicher hatte die eine oder andere Studentin auch mal ihre romantische Gregorphase. Bei mir kam sie recht spät und unvermittelt.

Ich war zu einer James-Bond-Party eingeladen. Um mich herum flirteten glamouröuse Bondgirls mit pomadigen Zweireihern und beschwipste Miss Moneypennys kicherten über das verrutschte Toupet eines Dr. No. Und dann stand plötzlich ein Mann mit graumelierter Kurzhaarperücke, einem hautfarbenem Polyesteranzug und einer dickrandigen, schwarzen Brille vor mir. Er stellte sich als James Bonds Steuerberater vor und grinste. Am Grinsen habe ich ihn erkannt. Der Schneidezahn hatte ihn verraten. Ich ertappte mich dabei, wie ich während des Abends immer wieder den kurzsichtigen Steuerberater zwischen den Zweireihern und eng geschnürten Abendkleidern suchte. Bei einem wohlgemerkt gerührten Martini an der Bar trafen wir uns wieder. Wir müssen ein seltsames Paar abgegeben haben: ich mit meinem wagenradgroßen Sombrero, den ich mir aus Ermangelung an sonstigen Kostümierungen von meiner Mitbewohnerin geliehen hatte, und Gregor als durchgeknallter Zahlendreher. Von jenem Abend an schlug mein Herz ein bisschen schneller, wenn ich an ihn dachte. Doch dann vergingen Tage und Wochen, und langsam verblasste das Bild von Gregor in hautfarbenem Polyester – bis ich ihn zufällig in der Gemüseabteilung eines Supermarktes traf. Da war er wieder, der schiefe Schneidezahn, und mein Herz begann heftig zu schlagen. Gregor sagte, dass er fürs Abendessen einkaufe. Ich fragte, was es denn geben solle und wer eingeladen sei. Niemand, antwortete er und erklärte, dass er einfach gern koche, egal ob für sich allein oder für Gäste. Außerdem sei er noch etwas verkatert von der vergangenen Nacht und habe einen Heißhunger auf Maultaschensalat. Mir lief das Wasser im Mund zusammen. Ich sammelte meinen ganzen Mut und wagte die dreiste Frage, ob ich mich vielleicht zum Essen einladen dürfe. Gregor schaute etwas überrascht, nickte dann aber zustimmend. Sein Kochehrgeiz war geweckt. Schnell überlegte er sich noch ein Hauptgericht, und ich kaufte, in Erinnerung an den gemeinsamen Abend auf der James-Bond-Party, eine Flasche Martini.

In seiner Wohnung angekommen, bot Gregor mir einen Stuhl an, lehnte mein Angebot, ihm zu helfen, dankend ab und verschwand in der Küche. Während er kochte, bestaunte ich den atemberaubenden Blick aus dem sechsten Stock über das abendliche Altona. Ich überlegte, wie ich ihn aus der Reserve locken könnte, und goss uns einen Martini ein. Im Handumdrehen stand der wirklich vorzügliche Maultaschensalat auf dem Tisch. Und die gerade kreierte Hauptspeise, Spaghetti mit Honighähnchenbrust, war ebenfalls einmalig! Gregor war entspannt, und nach dem zweiten Martini erlag ich seinem Charme und seinem Erzähltalent. Mit seinem unvergleichlichen Grinsen schilderte er mir die Schwierigkeiten, vierhundert Kinder in einem Zeltlager zeitgleich mit Schnitzel und Kartoffeln zu versorgen und damit auch noch zufriedenzustellen.

Nachdem die Flasche Martini zur Hälfte geleert war, witterte ich meine Chance und schlug vor, auf diesen Abend anzustoßen und Brüderschaft zu trinken. Selbstverständlich sollte das Ganze mit einem anschließenden Kuss besiegelt werden. Gesagt, getan – allerdings kam es nur zu einem flüchtigen Bussi auf die Wange. Trotzdem ist mir der Abend in guter Erinnerung. Das Essen war grandios – und wann kann man sich schon mal nach Herzenslust dem Charme eines falschen Steuerberaters hingeben?

MAULTASCHENSALAT

Zutaten für 4 Personen

- **Für den Salat**

  150 g Feldsalat
  1–2 Tomaten
  8 kleine Maultaschen
  (aus dem Kühlregal)
  5–6 Zweige Thymian
  1 EL Butter
  2 gehäufte EL Pinienkerne
  Parmesan, nach Geschmack

- **Für die Sauce**

  1 EL roter Balsamico
  2 TL bayerischer süßer Senf
  3 EL Olivenöl
  Salz, schwarzer Pfeffer

- **Für die Sauce** den Balsamico, Senf und Olivenöl gut vermischen und mit Salz und Pfeffer würzen.
- **Für den Salat** den Feldsalat gründlich waschen und Tomaten achteln. Salat und Tomaten auf vier große Tellern verteilen und mit der Sauce übergießen.
- Maultaschen vierteln und mit dem abgezupften Thymian in Butter knusprig braun anbraten. Anschließend je acht Maultaschenteile sternförmig auf dem Salat drapieren.
- Pinienkerne in der noch heißen Pfanne ohne Öl goldbraun anrösten, bis sie duften, und über die Maultaschen geben.
- Grob geriebenen Parmesan darüber streuen und servieren.

SPAGHETTI MIT HONIGHÄHNCHENBRUST

Zutaten für 4 Personen

4 kleine Hähnchenbrustfilets
4 Knoblauchzehen
1 Stück frischer Ingwer (etwa 4 cm)
8–10 Zweige Thymian
8 EL Olivenöl
Salz, schwarzer Pfeffer
2 Zwiebeln
2 EL Honig
4 kleine Zucchini
500 g Spaghetti
1 Zitrone

- Hähnchenbrust in mundgerechte Stücke schneiden und den abgezogenen Knoblauch fein hacken. Den geschälten Ingwer reiben und einige Stengel Thymian abzupfen.
- 5 EL Olivenöl, Knoblauch, Salz, frisch gemahlenen Pfeffer, Ingwer und Thymian gut mischen und das Fleisch darin mehrere Std. marinieren.
- Die fein gehackten Zwiebeln mit dem restlichen Thymian in Olivenöl anbraten, Hähnchenfleisch mit der Marinade zugeben und golden anbraten. Honig darüber geben und dann aus der Pfanne nehmen.
- Zucchini würfeln, andünsten und mit Salz und Pfeffer würzen.
- Spaghetti in reichlich Salzwasser al dente kochen.
- Hähnchenfleisch wieder in die Pfanne geben, mit den Zucchiniwürfeln vermengen und mit frisch gepresstem Zitronensaft beträufeln. Über die Spaghetti geben und servieren.

Larissa

Larissa ist eine eindrucksvolle Person mit einer römischen Nase und dichten, schön geschwungenen Augenbrauen, die ein bisschen an Frida Kahlo erinnern. Sie ist eine begnadete Illustratorin und nicht weniger begabte Hobbyköchin. Als solche trägt die Halbitalienerin allerdings ein schweres Erbe, denn ihre Nonna, also ihre italienische Großmutter, ist eine exzellente Köchin. Ihr Leben lang hat sie in einem kleinen Restaurant in Finale Ligure gekocht. So gut wie alle Rezepte in Larissas Repertoire stammen von ihrer Nonna. Vor einiger Zeit hat Larissa sogar ein Kochbuch veröffentlicht mit Rezepten ihrer italienischen Großmutter, kleinen Geschichten und vielen Zeichnungen und Collagen.

Aufgewachsen ist Larissa in Schwaben, was aber nur noch ein leichter Singsang in der Stimme verrät, der an müden Tagen durchklingt. Seit dreizehn Jahren wohnt sie nun schon in Hamburg, und da bleibt es nicht aus, dass man ein bisschen zum Fischkopf mutiert. Ihr Lieblingsfischrezept, Matjes mit Pellkartoffeln, erinnert sie an ihren ersten Sommer in Hamburg. Nach einer durchfeierten Nacht auf Sankt Pauli, dem Vergnügungsviertel der Elbstadt, hatte Larissa um fünf Uhr morgens den obligatorischen Gang zum Fischmarkt an den Hafen gemacht. Die Sonne ging gerade auf und glitzerte auf dem Wasser. Unter dem Geschrei der Möwen und dem Tuten riesiger Containerschiffe priesen die Standbesitzer lautstark ihre Waren an. Frischer Fisch ging im Dutzend billiger über die Theke, Hafenarbeiter tranken ihren ersten heißen Kaffee und schnackten das Blaue vom Himmel herunter – und mittendrin stand die dunkelhaarige Nachtschwärmerin mit der römischen Nase bei ihrem ersten Matjes mit Pellkartoffeln. Nach einer durchtanzten Nacht war der eingelegte Fisch mit Zwiebeln und Dill genau das Richtige. Larissa setzte sich auf einen Poller, fütterte die Möwen mit den restlichen Kartoffeln, blinzelte in die Sonne und begann, Hamburg zu lieben. Erst später hat sie festgestellt, dass solche milden, sonnigen Tage an der Elbe eher selten sind.

Auch im Alltag mit ihrer kleinen Tochter Emilia gibt sich Larissa beim Kochen alle Mühe und kocht meistens italienische Gerichte. Das Steinpilzrisotto ist für Larissa das perfekte Gericht, wenn es schnell gehen muss, weil ein hungriges Schulkind schon ungeduldig aufs Essen wartet. Und nicht nur Emilia mag Risotto, auch Larissa kann nicht genug davon bekommen. Außerdem ist es unkompliziert zu machen und man kann es mit vielerlei Gemüse variieren.

Wenn Larissa mit ihren Kochkünsten beeindrucken will, tischt sie ihren Gästen Coniglio alla ligure, ligurisches Kaninchen, auf – ein Gericht für ganz besondere Anlässe. Das saftige, in Weißwein und Kräutern gegarte Kaninchenfleisch lässt schnell den wolkenverhangenen Hamburger Himmel vergessen. Und wenn es dazu noch Rosmarinkartoffeln aus dem Ofen gibt, fühlt man sich mit jedem Bissen ein Stück mehr in das Land, in dem die Zitronen blühen, versetzt. Alle, die schon einmal in Italien waren, fangen an, Erinnerungen auszugraben und Anekdoten zum Besten zu geben. Und manch einer schmückt sich mit seinen, wenn auch überschaubaren, Italienischkenntnissen und bemüht sich dabei, das »r« besonders italienisch zu rollen.

In solchen Momenten spürt auch Larissa das Fernweh in sich aufsteigen. Und wenn die Sehnsucht allzu groß wird, packt sie einfach ihre Siebensachen und fährt mit Emilia nach Italien zu ihrer Großmutter.

NZE
ANCONA
ROMA
FOGG

MATJES MIT PELLKARTOFFELN

Zutaten für 4 Personen

250 g saure Sahne
250 g Kefir
150 g Vollmilchjoghurt
1 Apfel
2–3 große Gewürzgurken
2 Zwiebeln
1 Bund Dill
Salz
4 Matjesfilets
1 kg festkochende Kartoffeln

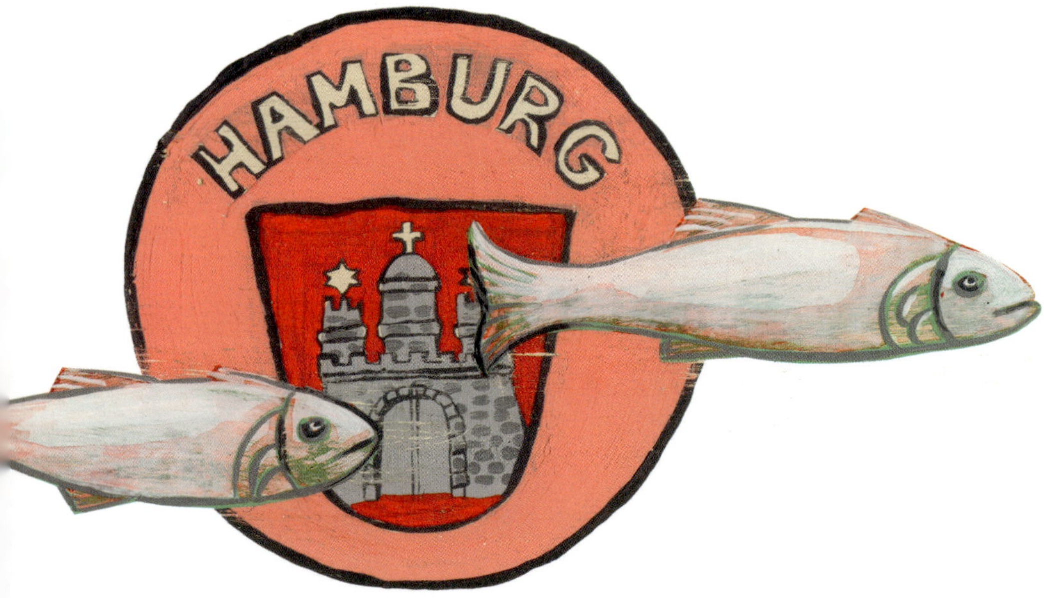

- Saure Sahne, Kefir und Joghurt in eine Schüssel geben. Den Apfel und die Gurken in kleine Stücke, Zwiebeln in dünne Scheiben schneiden, Dill abzupfen, klein hacken und alles dazugeben, salzen und gut vermischen.
- Matjesfilets in die Sauce legen und einen halben bis ganzen Tag ziehen lassen.
- Die ungeschälten Kartoffeln in Salzwasser kochen und zusammen mit dem eingelegten Matjes servieren.

RISOTTO MIT STEINPILZEN

Zutaten für 4 Personen

1 Handvoll getrocknete Steinpilze
1 Schalotte
1 EL Olivenöl
1 EL Butter
300 g Rundkornreis
(Risotto- oder Milchreis)
150 ml trockener Weißwein
etwa 1,5 l Gemüse- oder
Hühnerbrühe
Salz, weißer Pfeffer
50 g geriebener Parmesan

- Steinpilze zerpflücken und gut 30 Min. in etwas kaltem Wasser einweichen.
- Schalotte fein hacken und in Olivenöl und Butter glasig braten. Reis dazugeben und ebenfalls ein wenig anbraten. Mit dem Weißwein ablöschen und etwas einkochen lassen.
- Pilze mit dem Einweichwasser zum Reis geben. Dann mit etwa 1/4 der heißen Brühe aufgießen und einkochen lassen. Bei niedriger Hitze weiterköcheln lassen, immer wieder umrühren und nach und nach mit der Brühe auffüllen, bis der Reis bissfest und immer noch schön feucht ist (das dauert mind. 20 Min.). Mit Salz und Pfeffer abschmecken.
- Zum Schluss das Risotto mit einem großen Stück Butter und dem Parmesan vermischenn. Sofort servieren.

Larissas Lieblingsvariation

Risotto mit grünem Spargel: Von etwa 500 g grünem Spargel die holzigen Enden entfernen und die Stangen in grobe Stücke schneiden. In einer Pfanne mit etwas Olivenöl anbraten. Den Reis zunächst allein kochen lassen und die Spargelstücke erst nach 20 Min. dazugeben.

LIGURISCHES KANINCHEN MIT ROSMARINKARTOFFELN

Zutaten für 4 Personen

- **Für das Fleisch**

1 zerteiltes Kaninchen
Olivenöl
50 g Butter
Salz
1 Handvoll Pinienkerne
1 kleine Zwiebel
5–6 Zweige Rosmarin
5–6 Zweige Thymian
250 ml trockener Weißwein
1 Handvoll schwarze ligurische Oliven
4 Lorbeerblätter

- **Für die Rosmarinkartoffeln**

1 kg Kartoffeln
3–4 EL Olivenöl
3–4 EL Butter
Salz
7–8 Zweige Rosmarin

- **Für das Fleisch** das zerteilte Kaninchen (die Kaninchenleber noch nicht!) in einem zugedeckten Topf ohne Wasser oder Olivenöl bei niedriger Hitze etwas kochen lassen, damit das Wasser entweicht. Das ausgekochte Wasser abgießen.
- Olivenöl und Butter in den Topf geben, salzen und das Fleisch bei etwas stärkerer Hitze anbräunen. Jetzt die Kaninchenleber hinzufügen, die Hitze reduzieren und den Topf mit einem Deckel verschließen.
- Pinienkerne, Zwiebel, Rosmarin, und Thymian ganz fein hacken.
- Wenn das Fleisch außen goldbraun ist, die gehackten Kräuter dazugeben und einen Moment mit anbraten.
- Weißwein unterrühren, Oliven und Lorbeerblätter dazugeben und bei niedriger Hitze mit geschlossenem Deckel etwa 1 Std. köcheln lassen. Zwischendurch immer wieder umrühren und prüfen, ob das Fleisch genügend Flüssigkeit zum Kochen hat, evtl. noch etwas Wasser dazugeben.
- **Für die Rosmarinkartoffeln** die geschälten Kartoffeln in grobe Stücke schneiden.
- Olivenöl und Butter auf einem Backblech im warmen Backofen kurz schmelzen lassen. Die Kartoffeln auf das Blech geben, im Fett wenden, salzen und reichlich Rosmarinzweige zwischen die Kartoffelstücke legen.
- Im vorgeheizten Backofen bei 175 °C etwa 1 Std. garen. Das Kaninchen mit den Rosmarinkartoffeln sofort servieren.

Kula

Kula heißt eigentlich Wassiliki. Sie ist Halbgriechin, aber geboren und aufgewachsen ist sie in Berlin und somit die einzige »echte« Berlinerin, die ich kenne. Aber vor allem ist Kula eines: unglaublich hübsch! Mit ihren feinen Locken, den mandelförmigen Audrey-Hepburn-Augen und ihrer natürlichen Art zieht sie häufig Blicke auf sich und merkt es nicht einmal. Kula sagt von sich selbst, sie sei ein Augenmensch, und dem kann ich nur zustimmen. Das ist wohl auch der Grund, warum sie als Grafikerin in einem Buchverlag arbeitet. An einem Lesungsplakat zum Beispiel bastelt sie so lange herum, bis auch das letzte i-Tüpfelchen ihrem hohen ästhetischen Anspruch genügt und an der richtigen Stelle sitzt.

Wenn man mit Kula bummeln geht, ist das meist ein wahres Fest für die Sinne. Sie kennt die schönsten und ausgefallensten Läden in Berlin, zum Beispiel einen ganz wunderbaren Schokoladenladen, in dem man Stunden mit ihr verbringen kann. Da überschlägt sie sich in ihrer Begeisterung für die wunderschönen Verpackungen und hat mich damit schon manches Mal angesteckt.

Ihr Lieblingsgeschäft ist ein kleiner griechischer Laden, in dem verschiedene Sorten hochwertigen Olivenöls angeboten werden. Aus alten dunklen Holzfässern wird das Öl in langhalsige Glasflaschen abgefüllt und mit einem Korken verschlossen. Kann man sich nicht sofort für eine Sorte entscheiden, reicht der griechische Inhaber einen Teller mit Schafskäsewürfeln, die man zum Probieren in die verschiedenen Schälchen mit Olivenöl tunkt. Einfach köstlich! Wenn man sich dann für ein Öl entschieden hat, wird es liebevoll verpackt, und mit einem freundlichen »Kalimera« zum Abschied geht's auf zum nächsten Laden.

Kulinarisch ist Kula leicht zufriedenzustellen. Sie liebt griechischen Schafskäse, pur und in den verschiedensten Variationen. Davon könnte sie sich fast ausschließlich und zu jeder Tageszeit ernähren. Vielleicht liegt ihr die Liebe zum Feta ja in den griechischen Genen. Aber bestimmt haben auch die vielen Reisen nach Griechenland sie auf den Geschmack gebracht. Immer zu Beginn der Sommerferien wurden Kula und ihre drei Geschwister (zusammen mit allerlei deutschen Lebensmitteln und Geschenken für die griechische Verwandtschaft) in den knallorangefarbenen VW-Bus geladen, und ab ging es in einer abenteuerlichen Drei-Tage-Tour nach Griechenland. Kaum hatten sie den griechischen Zoll erfolgreich passiert, sprang Kulas Vater auf den geliebten Heimatboden, um schnurstracks Spanakopita, Blätterteigpastete mit Spinat und Schafskäse, für die gesamte Familie zu besorgen.

Kulas Mutter hat in all den Jahren ihre Blätterteigpastete bis ins letzte Detail perfektioniert. Aber an die erste Spanakopita nach der griechischen Grenze ist sie – jedenfalls nach Meinung von Kulas Vater – nie herangekommen. Kula liebt Spanakopita wie Tiropita, die reine Schafkäsevariante der Pastete, und ist zu einer wahren Pita-Meisterin avanciert. Unübertroffen sind auch ihre Bifteki, mit Feta gefüllte Fleischbällchen, die sie mit Tsatsiki serviert. Und wenn's mal schnell gehen muss, macht sie einfach einen Salat mit Feta und Birnen oder eine Schafskäsepaste mit Walnüssen und Chili (Htipidi me karidia, wie die Griechen sagen) – Hauptsache, ihr tägliches Fetapensum ist erfüllt.

GRIECHISCHE SPINAT-SCHAFSKÄSE-PASTETE (SPANAKOPITA)

Zutaten für 10 Personen

1,5 kg frischer Spinat
Salz
8 Frühlingszwiebeln oder 2 große Zwiebeln
6 EL Olivenöl
300 g Schafskäse (Feta)
2–3 Eier
schwarzer Pfeffer
Chilipulver
2 EL Zitronensaft
1 Paket Filoblätterteig
200 g Butter
1/2 Tasse lauwarmes Wasser

• Spinat waschen und putzen und in einem Topf mit etwas Wasser und Salz erhitzen und zusammenfallen lassen. Dann abgießen und fest ausdrücken, sodass der Spinat so trocken wie möglich wird.
• Frühlingszwiebel in kleine Röllchen schneiden und in Olivenöl glasig dünsten. Mit dem Spinat vermengen und abkühlen lassen.
• Feta mit der Gabel zerdrücken, Eier verrühren und beides miteinander vermengen. Dann die Käsemischung unter den Spinat heben. Mit Salz, Pfeffer und ein wenig Chilipulver kräftig würzen und Zitronensaft unterrühren.
• Ein Backblech gut einfetten. Die Hälfte der Filoteigblätter auf dem Backblech verteilen und dabei jedes einzelne mit zerlassener Butter einstreichen. Die Blätter sollten ein wenig über den Rand der Form hinausragen.
• Spinat-Schafskäse-Mischung gleichmäßig darauf verteilen und den überlappenden Blätterteig nach innen über die Füllung klappen. Das Ganze mit den restlichen Teigblättern bedecken und diese dabei wieder mit zerlassener Butter bestreichen.
• Mit einem scharfen Messer bis zur Füllung einstechen und Portionsstücke vorschneiden. Das Wasser und den Rest der zerlassenen Butter darüber verteilen und im vorgeheizten Backofen bei 220 °C auf der mittleren Schiene 30–40 Min. goldgelb backen.
• Pastete aus dem Ofen nehmen, mit einem Küchenhandtuch zudecken und 10 Min. ruhen lassen. Warm servieren.

Kulas Lieblingsvariation

Griechische Schafskäsepastete (Tiropita): Statt mit Spinat und Schafskäse wird Tiropita nur mit Käse gefüllt. Dafür 600 g Schafskäse (Feta) in einem tiefen Teller mit der Gabel zerdrücken und mit 5 Eiern, schwarzem Pfeffer und 5 EL klein gehackter Minze, Dill oder glatter Petersilie gut verrühren. Ansonsten zubereiten wie oben beschrieben.

BLATTSALATE MIT SCHAFSKÄSE UND BIRNEN

Zutaten für 4 Personen

- **Für den Salat**

200 g Salat (z. B. 100 g Rucola, 100 g Romana)
3 Tomaten
1/2 Salatgurke
100 g Schafskäse (Feta)
1 EL Schnittlauch oder Frühlingszwiebeln
2 weiche Birnen
1 EL Zitronensaft

- **Für die Sauce**

1 TL Honig
1 TL roter Balsamico
1 EL Pfirsichessig
5 EL Olivenöl
1 EL Walnüsse
1 EL Schafskäse (Feta)
Salz, schwarzer Pfeffer

• **Für die Sauce** den Honig, Essig und Olivenöl verrühren, klein gehackte Walnüsse und 1 EL zerbröselten Feta untermischen und mit Salz und frisch gemahlenem Pfeffer würzen.

• **Für den Salat** die Salatblätter waschen, putzen und in mundgerechte Stücke zerteilen.

• Tomaten würfeln, Salatgurke der Länge nach vierteln und in Scheiben schneiden. Feta würfeln und Schnittlauch fein hacken.

• Birnen schälen, vierteln und mit Zitronensaft beträufeln, damit sie nicht braun werden.

• Salatblätter auf vier Teller verteilen und die Birnenspalten darauf anrichten. Tomaten, Gurke und Feta darüber geben und mit der Salatsauce übergießen. Am besten mit Fladenbrot servieren.

Kulas Lieblingsaufstrich

Schafskäsepaste mit Walnüssen: 200 g Schafskäse (Feta) mit einer Gabel zerdrücken und 200 g sehr klein gehackte Walnüsse dazugeben. Mit 4 EL Olivenöl und 4 EL Wasser zu einer Paste verrühren. 1 frische Chilischote (grün oder rot) entkernen, fein hacken und zusammen mit einem Schuss Zitronensaft unterrühren. Paste auf kleine Schwarzbrothäppchen streichen, mit etwas fein gehackter glatter Petersilie, klein geschnittenen schwarzen Oliven und in feine Streifen geschnittenem roten Paprika bestreuen und servieren. Schmeckt vorzüglich zum Aperitif!

BIFTEKI MIT TSATSIKI

Zutaten für 40 Fleischbällchen

- **Für die Bifteki**

  2 Brötchen
  2 Zwiebeln
  800 g Hackfleisch (halb Rind-, halb Schweinefleisch)
  2 Eier
  1 EL Zitronensaft
  1 EL glatte Petersilie
  3 EL Minze
  Salz, schwarzer Pfeffer
  1/2 TL Chilipulver
  250 g Schafskäse (Feta)
  Olivenöl

- **Für das Tsatsiki**

  4 Knoblauchzehen
  Salz, schwarzer Pfeffer
  1 TL Essig
  1 Salatgurke
  500 g griechischer Sahnejoghurt (oder 500 g Schmand)
  1 EL Olivenöl
  etwas glatte Petersilie oder Dill

- **Für die Bifteki** Brötchen in kaltem Wasser einweichen und gut ausdrücken. Dann mit den fein gehackten Zwiebeln, Hackfleisch, Eiern und Zitronensaft vermengen und zu einer homogenen Masse verkneten.
- Die fein gehackte Petersilie und Minze darunterkneten und mit Salz, Pfeffer und Chilipulver würzen.
- Aus dem Fleischteig etwa 40 mittelgroße Bällchen formen, flachdrücken, einen Würfel Feta darauf geben und mit dem Fleischteig umhüllen.
- Die gefüllten Fleischbällchen in Olivenöl von allen Seiten braun anbraten.
- **Für das Tsatsiki** die abgezogenen Knoblauchzehen im Mörser mit ein wenig Salz zu einer feinen Paste zerstampfen und den Essig unterrühren.
- Die geschälte Gurke reiben oder klein hacken und leicht salzen. Etwas stehen lassen, Gurke in ein Sieb geben und das Wasser gut ausdrücken.
- Gurke, Joghurt und Knoblauchpaste in eine Schüssel geben, gut vermengen, mit Salz und Pfeffer würzen und 2–3 Std. zugedeckt im Kühlschrank ziehen lassen.
- Das Tsatsiki mit ein paar Tropfen Olivenöl und Petersilie oder Dill dekorieren und mit den Bifteki servieren.

Kulas Tipp zum Verfeinern

Gut schmeckt es auch, wenn man noch 1 EL geraspelte Karotten unter das Tsatsiki mischt.

Kulas Partyempfehlung

Bifteki mit Tsatsiki eignen sich wunderbar für jedes Partybuffet.

BANANA
OMODORI
ELATI

ELTERN
MARKE

REZEPTE NACH GRUPPEN

AUFSTRICHE, SAUCEN & DIPS

SÜSSE HAUPTSPEISEN

KUCHEN, DESSERTS & BROT

GETRÄNKE

MENÜVORSCHLÄGE

FÜR DIE SCHNELLE ALLTAGSKÜCHE

Süßkartoffelsuppe (Babs)
Penne alla puttanesca (Julia)
Schwedische Quarkcreme (Katharina)

FÜR DAS FESTLICHE MAHL

Vin d'oranges (Horst)
Crevettes amoureuses (Horst)
Salat mit Ziegenkäse, Walnüssen und karamellisierten Weintrauben (Anette)
Hirschgulasch mit Ofenkartoffeln und Champignons (Anette)
Pariser Schokoladentorte (Barbara)

FÜR DEN GEMÜTLICHEN KAFFEEKLATSCH

Finnische Ohrfeigen (Anneke)
Banana Rum Cake (Lara)
Chai (Anneke)

FÜR LUSTIGE MÄDELS

Kullerpfirsich (Babs)
Gebratener Lachs mit Frühlingsgemüse (Sarah)
Grießkuchen mit Himbeeren (Mareike)

FÜR HUNGRIGE JUNGS

Avocadosuppe (Tim)
Kaninchen in Senfsauce mit Bandnudeln (Bernhard)
Israelischer Apfelkuchen (Ari)

FÜR DEN ERLESENEN HERRENABEND

Tomaten-Knoblauch-Suppe (Horst)
Maultaschensalat (Gregor)
Bretonischer Hummer (Horst)
Mexikanischer Flan (Michael)

FÜR DAS BUNT GEMISCHTE PARTYBUFFET

Crostini mit Sardellen und Oliven (Barbara)
Rote Linsensuppe (Anette)
Italienischer Kartoffelsalat (Julia)
Bifteki & Tsatsiki (Kula)
Hüttenkäsebrot & Dill-Cheddar-Aufstrich (Anneke)
Obatzter & Radieschensalat (Babs)
Israelischer Apfelkuchen (Ari)
Mohnmilchreis mit Aprikosenkompott (Anneke)
Trinidad Carnival Te Le Le (Lara)

REZEPTE ALPHABETISCH

Dankeschön!

Anette Beckmann, Anneke Möller, Ari Goldmann, Barbara Hänel, Barbara Nascimbeni, Bernhard Hunger, Frauke Luther, Gregor Stockmann, Horst Möller, Julia Grimm, Karin Möller, Katharina Freitag, Lara Dahlmann, Larissa Bertonasco, Mareike Graff, Michael Gaeb, Sarah Masuch, Tim Hörger und Wassiliki Giousmis für ihre Begeisterung und geduldige Mithilfe, Cornelia Franck und Jakob Kriwat für die fotografische Unterstützung, Gabriele Busch und Jörg Hänel für ihre Gelassenheit angesichts der Personenauswahl, Barbara »the queen of mac-technics« Yelin, Julia Späth und Ludmilla Bartscht für ihre kritischen Gestalteraugen, Christine Harm für ihre phantastischen Seelsorgequalitäten, sowie Sarah Pasquay, Nicola Stuart, Friedrich Weskott und Edmund Jacoby vom Gerstenberg Verlag.

Kristina Möller, geb. 1974 in Hamburg, machte zunächst eine Ausbildung als Stylistin und studierte dann Illustration an der Hochschule für angewandte Wissenschaften in Hamburg. Sie lebt als freie Grafikerin und Illustratorin in Berlin.

Bibliografische Information Der Deutschen Bibliothek
Die Deutsche Bibliothek verzeichnet diese Publikation in der Deutschen Nationalbibliografie; detallierte bibliografische Daten sind im Internet über http://dnb.ddb.de abrufbar

Gestaltung und Satz: Kristina Möller
Westermann Druck, Zwickau
Printed in Germany

www.gerstenberg-verlag.de

ISBN 987-3-8067-2567-4